JN297537

教師のための群読ハンドブック

日本群読教育の会・事務局長
重水健介 編著

高文研

はじめに——群読に取り組まれるみなさんへ

中学3年生を担任した年の文化祭の日でした。2カ月をかけて学年演劇『ベロ出しチョンマ』(斎藤隆介作)に取り組み、いよいよこれからステージ発表というとき、「先生、来てください」と体育館横の中庭に呼ばれました。

行ってみると学年の生徒全員が集まって円陣を組んでいました。「どこよりも練習してきたのは?」とリーダーが叫ぶと、「3年!」と全員で応じ、ついで「みんなのチームワークがよいのは?」「3年!」……と、このように数回続けて最後に、「『ベロ出しチョンマ』を成功させるぞ!」「オー!」と締めました。まさに群読そのものでした。かれらは声を合わせることで、互いを勇気づけ、学年の士気を鼓舞し、本番の舞台に臨もうとしていたのです。声の力を感じる光景でした。

群読は大勢で読む文化活動です。日本群読教育の会は群読に関心を持つ全国の仲間が、群読教育の第一人者である家本芳郎先生と共につくった会です。学校や地域に群読を広めようという目的で2002年に結成されました。

この間、学習指導要領で「音読」が重視され、発展教材として群読が見直されるようになり、群読の実践が広がってきました。国語教育だけでなく、演劇教育、あるいは児童会・生徒会活動、また、学校行事の中でと、多様な実践が展開されるようになりました。

近年は市民講座や公民館活動の中で取り上げられる機会も増えています。

ところで、群読教育における私の関心は、すぐれた技量や高い芸術性の追求よりも、むしろ、群読を活用

1

して子どもたちの自主性や協力性などさまざまな力を育てることにあります。学習や生活の中で、子どもたちの声による表現活動を活発にし、学級つくり・学校つくりに生かしていきたいと思うからです。そうしたねらいを持って、群読の実践や普及に取り組んできました。

群読はまだ新しい文化活動ですから、指導論や方法論が確立されておらず、群読のために書かれた作品もほとんどありません。

そんな状況の中で、本書は、子どもたちと共に群読に取り組む先生方や、地域・職場で群読活動を推進しておられるみなさんへの参考に供したいと願って執筆しました。

群読の意味や効果だけでなく、群読の技術的な側面、いろいろな場面での活用例など、その実践に必要なことがらをコンパクトにまとめたつもりです。

また、各項に脚本を掲載しましたので、群読脚本集として読むこともできます。

本書を手にして、明るく元気な声が響く楽しい学校つくり・地域つくり・仲間つくりに活用していただければ、これほどうれしいことはありません。

2015年3月

重水　健介

もくじ

●凡例＝本書で使用している記号・用語解説 6

第1章 群読って何だ!?

1 群読は声の文化活動 [窓／新美南吉] 12
2 群読は「分読」 [あめ／まど・みちお] 14
3 最初は範読・連れ読み [ぽいぽい・たいそう／こいぬけんきち] 16
4 声を出すための指導言 [ちいさい おおきい／香山美子] 20
5 群読脚本に適した素材 [釜石小学校校歌／井上ひさし] 25
6 群読脚本の書式 [春に／谷川俊太郎] 28
7 群読づくりの手順 [竹／萩原朔太郎] 31
8 導入はふたり読みから [すっからかんの かん／阪田寛夫] 35

第2章 主な群読の技法

1 役割読み [蛇のうた／室生犀星] 38
2 ソロ・アンサンブル・コーラス [かさこじぞう] 40
3 バックグラウンド用法 [大阿蘇／三好達治] 44
4 漸増・漸減 [道程／高村光太郎] 49
5 追いかけ [どこかで春が／百田宗治] 51
6 乱れ読み [正午 丸ビル風景／中原中也] 54
7 異文平行読み [こんこんこな雪ふる朝に／三好達治] 58

第3章 群読をつくる

8 点丸交換・頭づけ・息つぎ[枕草子より/清少納言] 62

9 強調・タイトル読み・終末効果[つもった雪/金子みすゞ] 65

10 わたり・わり[奥の細道より「平泉」/松尾芭蕉] 68

1 群読の演出①[わるくちうた/谷川俊太郎] 72

2 群読の演出②[こども・赤い林檎/山村暮鳥] 75

3 評価のセオリー[犬の気持ち/さくら・なよみ] 78

4 全員が評価に参加する[ひとつのことば/北原白秋] 80

5 群読大会の開き方[自分は太陽の子である/福士幸次郎] 83

第4章 いろいろな群読

1 物語の群読[赤いろうそく/新美南吉] 90

2 俳句[正岡子規・村上鬼城・松尾芭蕉] 94

3 古典の群読 軍記物[平家物語より壇の浦の合戦] 96

4 説明文の群読[日本国憲法の三原則] 100

5 会話文を読む[落語二題 オリンピック・どろぼう] 103

6 地縁教材を群読に[楽しい阿波踊り] 106

7 仲間を知る群読[ちくちく言葉とふわふわ言葉] 110

8 群読遊び[豚のしっぽ] 112

9 唱歌[ザンズク 口唱歌] 116

10 現代の課題を取り上げる[ノーベル平和賞決定時のスピーチ] 119

第5章 さまざまな場で展開される群読

1 学年びらき [前へ進もう] 122
2 朝の会 [春のあしおと／竹久夢二] 125
3 学活で脚本つくり [いじめをなくそう] 127
4 学級の成長の節目に [お祝いの会／家本芳郎] 129
5 話し合いの前に [火をかこんで／石川道雄] 131
6 特別支援学級で [海山歌合戦／福尾野歩] 134
7 平和学習の場で [平和を読む＝にんげんをかえせ／峠三吉ほか] 136
8 修学旅行 [修学旅行の終わりを4つの拍手で] 143
9 保護者と共に [かぜのなかのおかあさん／阪田寛夫] 146

第6章 群読の醍醐味を味わう

※ 群読のよさが存分に発揮される「祭りだ わっしょい」 150
※ 冒頭の読みで雰囲気をつくる 150
※ 展開部分はリズムよく 151
※ 締めくくりは一気に盛り上げる 152
※ [祭りだ わっしょい／北原白秋] 153

装丁＝商業デザインセンター＝増田絵里
文中イラスト＝鳴瀬容子

◆凡例＝本書で使用している記号・用語解説

《1》 ソロ・アンサンブル・コーラス

ソロはひとりで読む。アンサンブルは少人数（グループ）で読む。ただし、ソロは「ひとりで読む」であって「ひとりが読む」ではない。順番にひとりずつ読んでもよい。

ソロ・アンサンブル・コーラスの声量の比

　ソロ　　　　　大きな声ひとり分。
　アンサンブル　全体の6分の1
　コーラス　　　全体の6分の5
　ただしコーラスがⅠとⅡに分かれる場合
　コーラスⅠ　　全体の6分の2
　コーラスⅡ　　全体の6分の3

《2》 ＋〈漸増〉　前につけたしていく

　1　まどをあければ　声がくる

凡例＝本書で使用している記号・用語解説

+2　声がくる
+3　声がくる

右のように＋の記号がついた場合、次のように読むことになる。

1　まどをあけれれば　声がくる
12　声がくる
123　声がくる

読み手がだんだん増えていくので漸増という。

《3》－〈漸減〉　前の読み手より減らす

123　あめが　やんだ
－1　あめが　やんだ
－2　あめが　やんだ

右の場合、次のように読む。

123　あめが　やんだ
23　あめが　やんだ
3　あめが　やんだ

だんだんと読み手を減らすので漸減という。

《4》〔　〕〈追いかけ〉追いかけて読む

1　どこかで春が　うまれてる
2　　　　　どこかで春が　うまれてる

1が「どこかで春が　うまれてる」と読んだところで、2が「どこかで」と追いかける。

《5》§〈乱れ読み〉声を合わせずバラバラに読む

全員　§ひら、ひら、ひら……

読み手全員がわざと声を揃えずに読む。読み手がバラバラになっているので乱れ読みという。

《6》＊〈破調〉それまでのリズムをくずす

ソロ	よいしょ よいしょ	＊どーん　ずしーん　どーん　ずしーん
	コーラス	

8

凡例＝本書で使用している記号・用語解説

＊の行はそれまでのように読めないので、これまでのリズムをくずして読む。

《7》＝《バックグラウンド用法》

1 大きなビルの真ッ黒い、
2 小ッちゃな小ッちゃな出入口
1 出てくる出てくるわ
2 小ッちゃな小ッちゃな出入口

（コーラス）
出てくる出てくる出てくるわ
出てくる出てくる出てくるわ
出てくる出てくる出てくるわ
出てくる出てくる出てくるわ

下段は上段と平行して読むが、主役は上段なので、下段は出しゃばらずに小さく読む。

《8》＝〈間〉

1 あしたとあさってが一度にくるといい
2 ○
　ぼくはもどかしい

1が読んだ後、2はすぐに読まず、「間」を取って読みはじめる。グループで読むときは「間」をどのくらい取るかを決めておく。

9

《9》〈異文平行読み〉 違う文を同時に読む

A ┬ さしつめ引きつめ さしつめ引きつめ さしつめ引きつめ
B ┼ 駆け出で駆け出で 駆け出で駆け出で 駆け出で
C ┴ 討ちつ討たれつ 討ちつ討たれつ 討ちつ討たれつ

ABCの3人がいっせいに同時に自分の文を読む。声が混じって何を読んでいるのかわからないが、合戦の情景を表現する場面などは、それでよいものとする。

《10》〈異文重層読み〉 異なる言葉を次々に追いかけて重ねて読み、/で終了

（1） ちちをかえせ
（2） ははをかえせ
（3） こどもをかえせ／

	1	2	3
1	**ちちをかえせ**	ははをかえせ	こどもをかえせ
2	ちちをかえせ	**ははをかえせ**	
3	ちちをかえせ	ははをかえせ	

表にすると右のようになる。各読み手は最初の言葉（太字）を大きく読むとはっきり聞こえる。

10

第1章　群読って何だ!?

❶ 群読は声の文化活動

◆指導のエッセンス♣

子どもの声が小さい。教科書を読ませても、聞き取れない声で読む子が多い。そんな話を聞くことがある。子どもたちは声を出さなくなったのだろうか。

しかし、かれらは、休み時間になると教室や廊下で賑やかに話し、声を張り上げて運動場を走り回る。放課後も仲間と共に大声を出して活動する。遊びや楽しい活動、親しい友だちの中では自然に声を出す。

子どもの声が小さいのは、授業というフォーマルな場面で、ひとりで読み、話すので、身体が固くなり、喉に緊張が集中するからではないだろうか。

群読は、声を合わせることで子どもたちの世界をさらに広げる活動である。他者との交わりが苦手な子どもたちの身体を拓く活動でもある。学校教育のさまざまな場面で、「声を合わせる楽しさ」を子どもたちに感じさせながら、言語能力を高め、表現や鑑賞の力、創造性や協力性などを育てる「声の文化活動」である。

♥3つのポイント◆

❶言語能力を高める

群読はみんなでリズミカルに読むので、音読が苦手な子どもも、仲間と読む楽しさにつられて声を出すようになる。さまざまな文章にふれ多くの言語を習得して声が好きになる。強弱や抑揚などを意識した読む力を育て、何より音読が好きになる。

❷楽しい学校生活をつくる

これまで全員参加の文化活動といえば合唱が主流だったが、近年、群読も使われるようになった。群読自体をメインとする「群読集会」を開く学校も増えている。儀式や行事に必須の表現形式にもなっている。群読は簡単に導入できて、明るい雰囲気や仲間意識を育てるものであり、楽しい学級つくりにふさわしい活動である。

❸教師の力量を育てる

話すこと、読むことの苦手な教師も、群読の指導によって自然にその力を身につけることができる。簡潔に説明し、活動させながら子どもをのせていく。押しつけや叱責ではなく、ユーモアを交えながら活動に引き込む。群読には指導する教師の技量を高め、リーダーシップを育てる力が内在している。その力は子どもの指導全般にも役立つ。

第1章　群読って何だ⁉

※窓　——新美　南吉

（読み手）1～3の3グループ
（記　号）＋漸増

窓　　新美南吉

全員　　窓をあければ　風がふいてくる
1　　　光った風がくる
2　　　風がくる
3　　　声がくる
全員　　遠い子どもの声がくる
＋2　　声がくる
＋3　　風がくる
全員　　窓をあければ　声がくる
1　　　窓をあければ　空がくる
2　　　空がくる
3　　　空がくる
全員　　こはくのような空がくる

声を合わせて楽しもう！

窓

新美　南吉

窓をあければ　風がくる。
光った風がふいてくる。
風がくる　声がくる。
遠い子どものこえがくる。
窓をあければ　空がくる。
空がくる　空がくる。
こはくのような空がくる。

❷ 群読は「分読」

◆指導のエッセンス♣

厳密にいうと斉読は群読ではない。群読の特徴は分けて読む「分読」にあるからだ。「分読」の「分」には「文を分ける」「分担して読む」という二重の意味がある。

では、文をどう分ければよいだろうか。

詩は一行ずつ分けて書いてあるので、行ごとに分けるのが基本である。もちろん、内容によって2〜3行をまとめることもある。

詩のように一行ずつ分けて書かれていない散文の場合は、意味のまとまりで分けていく。

物語では、地の文と登場人物の台詞で分ける。

これらについて詳しくは第4章で述べる。

なお、群読しやすいように素材となる作品を一部をくり返したり、擬音をつけ加えたりなど、原文を損なわない範囲で手を加えてよいものとする。

では、文を分けた後は、どう分担するかである。これについては次のポイントを押さえておきたい。

❤3つのポイント♣

①内容に合わせ読み手を配置

一人称の気持ちや台詞を表す部分はソロで読む。女子が登場する場面は女子が読む。大勢の声は全員が読むというように、文章の内容に合わせて読み手を決める。また、例えば物語で役ごとに読み手を決める場合などは、声質や特徴、その人の持ち味を生かして分担を決める。

②技法によって読み手を配置

　1　あめがふる
　+2　あめがふる
　+3　あめがふる

だんだん雨が強くなる様子をこのように漸増で表した場合は、3人または3グループ分の読み手が必要になる。技法に応じた読み手を配置するということである。

③全員の出番をつくる

可能な限り全員の出番をつくる。そのためにソロの他にコーラスのパートをつくり、文章を多く分けて、それぞれのコーラスのパートを複数で読むなどの工夫を考える。ただし、文章の意味を無視して一行や一文で区切り、順番に読ませるような分担はよくない（ソロ、コーラスについては40ページ参照）。

第1章　群読って何だ!?

あめ ── まど・みちお

（読み手）1〜3の3人、または3グループ
（記　号）＋漸増　－漸減
（ノート）冒頭の「あめ」は自由な読み方で表現する

1	2	3
あめ	あめ	あめ

まど・みちお

1	＋2	＋3
あめが ふる	あめが ふる	そらが おおきな かお あらう

1	－2	－3
あめが やんだ	あめが やんだ	そらが きれいな かお だした

> 分読は分担で決まる

あめ
まど・みちお

あめが ふる
あめが ふる
そらが おおきな かお あらう
あめが やんだ
あめが やんだ
そらが きれいな かお だした

❸ 最初は範読・連れ読み

♥3つのポイント♣

① 難しい読みやアクセントを範読で伝える

② 一文ずつ連れ読みする

③ リズムを保って読む

はじめに教師が手本として読み、聞かせる。範読で大切なことは、原文を正しく読むことである。

漢字の読みや言葉のアクセント、抑揚、リズム、強弱、速度など、ていねいに子どもに伝える。

範読がすんだら、教師が一文を読んだ後、子どもたちが教師と同じようになぞって読む連れ読みに進む。

連れ読みでは、一単語や一文節などで細かく分けない方がよい。わずらわしく感じると同時に、文の意味がつかみにくいからである。なお、一文ずつでなく、子どもの発達段階に応じて、二文、または一段落というように長く区切って連れ読みしてもよい。

群読には一定のリズムを保って読む素材が多い。したがって連れ読みでは、単語の読み方やアクセントだけでなく、読むときのリズムも教える。ただし、散文のように一定のリズムでは読みにくい作品もある。

◆指導のエッセンス♣

群読を教えるとき、いきなり数パートに分け、「では、読みましょう」とやっても失敗することが多い。

まず、文章中の語句の読み方がわからない。アクセントも自信がない。あるいは、分読の要領が理解できずに戸惑っている。そんな子どもが多いからだ。そこで、群読の導入においては、まず全員で読む「斉読」からはじめる。

ここではおよそ次のような手順で進める。まず教師が範読する。

続いて、教師が一文ずつ読み、教師が読んだ後をなぞるように全員に読ませる。これを「連れ読み」という。リズムよく読める作品は、この連れ読みの中で「リズムを保って読む」練習を十分やっておく。

連れ読みの後は、教師と子どもたちで声を揃えて読む「斉読」へ進む。こうして、文章の意味をつかませながら数回読む。次第に教師は声を小さくし、子どもたちだけの斉読にする。なお、簡単な文章なら連れ読みをとばして斉読から始めてもよい。

第1章　群読って何だ!?

ぽいぽい・たいそう　　こいぬけんきち（工藤　直子）

（読み手）　1〜8の8人、または8グループ

全員　　ぽいぽい・たいそう　こいぬけんきち

1　　めのたまねむいぞ
2　　あくびがでるぞ
1・2　とろんとろん　ぷかんぷかん

3　　こんなときには　たいそうだ
2・3　ねむさポイする　ねむ・ぽいたいそう

全員　1　おいっちに
2　　はいはい
全員　2　さんし
3　　ほいほい
全員　3　ごーろく
4　　ふつふつ
全員　4　ななはち

ぽいぽい・たいそう
こいぬけんきち

めのたまねむいぞ　とろんとろん
あくびがでるぞ　ぷかんぷかん
こんなときには　たいそうだ
ねむさポイする　ねむ・ぽいたいそう
「おいっちに・はいはい
さんし・ほいほい
ごーろく・ふつふつ
ななはち・ひっひっ」
しっぽのさきまで　めがさめた
いきがしろいぜ　はっはっは
はながつめたい　つんつんつん

全員　ひっひっ

5　しっぽのさきまで
56　めがさめた
5　いきがしろいぜ
67　はっはっは
7　はながつめたい
78　つんつんつん
8　こんなときには
全員5　おいっちに　はいはい
全員6　さんし　ほいほい
全員7　ごーろく　ふつふつ
全員8　ななはち　ひっひっ
1　しっぽのさきまで
2　さむさポイする　さむ・ぽいたいそう

こんなときには　たいそうだ
さむさポイする　さむ・ぽいたいそう
「おいっちに・はいはい
さんし・ほいほい
ごーろく・ふつふつ
ななはち・ひっひっ」
しっぽのさきまで　あったかい
なきべそかいたら　こわ・ぽいたいそう
こわいときには　こわ・ぽいたいそう
なんでもよくきく　ぽいぽいたいそう
「おいっちに・はいはい
さんし・ほいほい
ごーろく・ふつふつ
ななはち・ひっひっ」
しっぽのさきまで　つよくなる

第1章 群読って何だ!?

3 4	なきべそかいたら　べそ・ぽいたいそう
5 6	こわいときには　こわ・ぽいたいそう
7 8	なんでもよくきく　ぽいぽいたいそう
1 2	おいっちに
全員	はいはい
3 4	さんし
全員	ほいほい
5 6	ごーろく
全員	ふっふっ
7 8	ななはち
全員	ひっひっ
全員	しっぽのさきまで　つよくなる

範読で教師の読む力が向上

❹ 声を出すための指導言

◆指導のエッセンス◆

連れ読みが終わったら、みんなで一斉に読む斉読に進む。斉読では、何よりも全員が大きな声で読むことを一番のねらいにしたいものである。そのために教師はどのように助言すればよいだろうか。

以下に述べるのは、教師の指導言の例である。

「でははじめからみんなで通して読んでみよう」と読ませてみる。数行読んだところで「ストップ」と中断して、「とてもよい声で読めました」とほめ、「さらに上手に読むために、次の３つを心がけましょう」と伝える。全員を読みに集中させ、大きな声を出させるためである。

ただし、「読むときは集中して！」「大きな声で読みなさい！」などと、直接的な言い方では効果が期待できない子どもを「はっ」とさせ、読もうとするモチベーションを高める指示、さらに、場を和ませ、全体の雰囲気を盛り上げる指導言が必要である。そんなねらいをもって子どもたちに伝えた「３つの留意点」を紹介する。

♥３つのポイント◆

① 決意して読もう！

「読む前に『今から読むぞ！』と決意することです。何となく読み始めないこと。一回みんなで決意してみましょう。せーの！」。こう呼びかけても子どもが反応せず、教師だけが「読むぞー」と叫ぶことも多いが、「今、決意したのは先生だけでしたね」と、さらっとかわす。教室中に笑いが起き、声を出す雰囲気ができる。

② よい姿勢で読もう！

「よい姿勢で読むことです。背筋を伸ばして、胸をはりましょう」「Aさん。とてもよい姿勢です」「Bさんは表情もすばらしい」と、ほめながらのせていく。

③ 息を全部声にしよう！

「大きく吸った息を全部使って声にすることです」〈おはようございます〉などの例で、吸った息をすべてはき出しながら読む練習をする。低学年には「体を風船と思って息を吸い、風船を大きく膨らまそう。次に風船の空気を全部出すように声を出そう」などと、発達段階に応じた言葉で伝える。

こうしていくと、最初より大きな声が出るだろう。

第1章 群読って何だ⁉

※ちいさい おおきい
―― 香山 美子

（読み手）ソロ1〜3の3人、または3グループとコーラス①②

（記号）○ 間

```
コーラス②  ちいさい （小さい声で、以下同じように）
コーラス①  おおきい （大きい声で、以下同じように）
1 2 3     香山美子
コーラス①  おおきい
コーラス②  ちいさい
1 2       おおきくって
コーラス①  おおきい
コーラス②  ちいさい
1 2 3     おおきくって
コーラス②  ちいさい
          ○
1 2 3     ぞうさんの なみだ
全員       ポロリン （かわいらしい声で）
```

大きな声で読む教材を探そう

ちいさい おおきい
香山 美子

ちいさい おおきい
ちいさい おおきい
おおきくって おおきくって
ちいさい
ぞうさんの なみだ
ちいさい おおきい
ちいさい おおきい
おおきくって おおきくって
ちいさい
かばさんの むしば
ちいさい おおきい
ちいさい おおきい

コーラス②	ちいさい
コーラス①	おおきい
コーラス②	ちいさい
コーラス①	おおきい
1	おおきくって
2	おおきくって
3	おおきくって
全員	いたーい！（ほほに手をあてていたそうに）

かばさんの　むしば

○

コーラス②	ちいさい
1	おおきくって
2	おおきくって
3	おおきくって
コーラス①	おおきい
コーラス②	ちいさい
コーラス①	おおきい
コーラス②	ちいさい
1	ちいさくって
2	ちいさくって
3	ちいさくって
コーラス①	おおきい

ちいさくって　ちいさくって
おおきい
かえるの　おなか

ちいさい　おおきい
ちいさくって　ちいさくって
ちいさい
ありさんの　にもつ

ちいさい　おおきい
ちいさくって　ちいさくって
ちいさい
めだかのあくび

ちいさい　おおきい
ちいさくって　おおきくって
おおきい
くじらのくしゃみ

第1章 群読って何だ⁉

全員　かえるの　おなか
１２３　ぱんぱん！（おなかをかるくたたいて）

○

コーラス①　おおきい
２３　ちいさくって
１２３　ちいさくって
コーラス①　ちいさい
コーラス②　おおきい
コーラス①　ちいさい
３　ちいさくって
コーラス①　おおきい

○

全員　ありさんの　にもつ
１２３　よいしょ！　よいしょ！（重そうな声で）

コーラス①　おおきい
コーラス②　ちいさい
コーラス①　おおきい
コーラス②　ちいさい
コーラス①　おおきい

コーラス②	ちいさくって
1 2 3	ちいさくって ちいさくって ちいさくって
3	ちいさくって
コーラス②	ちいさい
全員 1 2 3	めだかのあくび あーあ（あくびをするように）
	○
コーラス①	おおきい
コーラス②	ちいさい
コーラス①	おおきい
コーラス②	ちいさい
コーラス①	おおきい
1	おおきくって
1 2	おおきくって おおきくって
1 2 3	おおきくって おおきくって おおきい
	○
1 2 3	くじらのくしゃみ
全員	はっ　はっくしょん！（ほんもののくしゃみのように）

第1章　群読って何だ⁉

❺ 群読脚本に適した素材

◆指導のエッセンス♣

群読脚本をつくるには素材となる文章が必要である。しかし、群読は新しい文化なので群読のための作品はほとんどない。したがって、これまで発表された作品から群読に適したものを選ぶことになるが、選び方の決まりもない。しいていえば自分の好きな作品を取り上げるということだが、少なくとも次の2点は押さえておきたい。

①音読して「いいな」と感じる作品
②いろいろな声が必要とされる作品

子どもの遊び歌のように韻をふんだもの、面白い響きを持つもの、リズミカルに読むことのできるもの、散文では平家物語のような口承文学。これらは群読に適していることが多い。また、大勢の声が必要な作品もよい。

一人称や情景描写だけの作品は、群読に向かないと思われそうだが、そうでもない。2つの心が対話するような話、感情と理性の対立、様々な思い出が語られる場面など。多様な声が使われる作品であれば、群読の素材になり得る。

◆3つのポイント♣

❶詩の場合

脚本化で最も難しいのは行分け、つまり、どこで切って分けるかという「分読」である。詩はすでに行分けされたものが多く群読にしやすい。特に次のようなものがよい。

a リズムよく読むことができる
b 韻を踏んでいる
c 声に出して読み、聞いて快いと感じる

❷物語の場合

物語は登場人物の台詞と地の文を、それぞれが担当して読むことになる。次のようなことを選ぶ基準にする。

a 大勢の登場人物がいて、それぞれの台詞が多い
b 擬音や動物の鳴き声などさまざまな声が出てくる
c いくつかの場面にはっきり分かれている

❸説明文の場合

説明文は文の組み立てから脚本化することが多いので、次を念頭に素材になるかどうかを見る。

a 段落ごとに要旨がはっきりしている
b いくつかの主張が列挙されている

なお、複雑な構成の文は無理に群読にしない方がよい。

※釜石小学校校歌 ――井上ひさし

全員 ① いきいき生きる　いきいき生きる
全員 ② ひとりで立って　まっすぐ生きる
全員 ③ 困ったときは　目をあげて
ソロ1　星を目当てに　まっすぐ生きる
全員　息あるうちは　いきいき生きる
全員 ① はっきり話す　はっきり話す
全員 ② びくびくせずに　はっきり話す
ソロ2　困ったときは　あわてずに
全員 ③ 人間について　よく考える
　　　考えたなら　はっきり話す

（読み手）1～3のソロ3人と、①～③の3グループ
ソロは各グループからひとり選出

釜石小学校校歌　井上ひさし

いきいき生きる　いきいき生きる
ひとりで立って　まっすぐ生きる
困ったときは　目をあげて
星を目当てに　まっすぐ生きる
息あるうちは　いきいき生きる
はっきり話す　はっきり話す
びくびくせずに　はっきり話す
困ったときは　あわてずに
人間について　よく考える
考えたなら　はっきり話す

第1章　群読って何だ!?

① 全員　しっかりつかむ
　　　　しっかりつかむ
② 全員　まことの知恵を
　　　　しっかりつかむ
ソロ3　困ったときは　手を出して
　　　　ともだちの手を　しっかりつかむ
③ 全員　手と手をつないで　しっかり生きる

身近な作品で挑戦しよう

しっかりつかむ　しっかりつかむ
まことの知恵を
しっかりつかむ
困ったときは　手を出して
ともだちの手を　しっかりつかむ
手と手をつないで　しっかり生きる

❻ 群読脚本の書式

◆指導のエッセンス♣

群読には素材となる作品をどこで分けて誰が読むかを書いたものが必要である。それを脚本という。
脚本には次の3つを書き込む。

a 文章をどこで分けたか
b 分けた文章を誰が読むか
c 群読で使う技法や留意点

技法は記号化して示す。乱れ読みは「§」、漸増は「＋」というようにである。

また、読むときの留意点は（だんだん小さく）（読み手のイメージで自由に読む）というように（ ）の中に書く。

ところで、群読脚本はどのような書式で書くのだろうか。演劇台本のト書きのようなものである。

群読脚本の書き方の基本形には、大きく「台本形式」と「表形式」がある。

群読脚本として使用頻度の高いこの2つの記入法や特徴を紹介する。

♥3つのポイント♠

①台本形式（脚本例「道程」高村光太郎）

演劇や朗読でよく使われる形式である。行頭にその読み手を書く。技法や留意点もそこに書き込む。

1　ああ、自然よ（重々しく）
＋2　父よ（呼びかけるように）
＋3　僕を一人立ちにさせた広大な父よ（強く）

②漸増・漸減の別表記

漸増は次の書き方でもよい。漸減の場合も同様。

1　ああ、自然よ
1 2　父よ
1 2 3　僕を一人立ちにさせた広大な父よ

③表形式（脚本例「大好き」小泉周二）

異文平行読みや背景音の表現に適した形式。右から左へ各列同時に同じリズムで読む。上からソロ、アンサンブル、コーラスとすることもある。段数は4段位までにする。

遠くに見えたら	近くに来たら
ワクワク	ワクワクワクワク
ワクワクします	ワクワクします
ドキドキ	ドキドキドキドキ
ドキドキします	ドキドキします

28

第1章　群読って何だ⁉

※春に――谷川　俊太郎

（読み手）　1～3の3グループとコーラス

（記　号）　＋漸増

全員　　春に　谷川俊太郎

1　　この気もちはなんだろう
2　　目に見えないエネルギーの流れが
3　　大地からあしのうらを伝わって
コーラス　ぼくの腹へ
　　　　　胸へ
1　　そうしてのどへ
2　　声にならないさけびとなってこみあげる
3　　この気もちはなんだろう
コーラス　1
　　　　　2
　　　　　3
　　枝の先のふくらんだ新芽が心をつつく
　　よろこびだ
コーラス　1
　　　　　2
　　　　　3
　　しかしかなしみでもある
コーラス　1
　　　　　2
　　　　　3
　　いらだちだ

春に

谷川　俊太郎

この気もちはなんだろう
目に見えないエネルギーの流れが
大地からあしのうらを伝わって
ぼくの腹へ胸へ
そうしてのどへ
声にならないさけびとなってこみあげる
この気もちはなんだろう
枝の先のふくらんだ新芽が心をつつく
よろこびだ　しかしかなしみでもある
いらだちだ　しかもやすらぎがある
あこがれだ　そしていかりがかくれている
心のダムにせきとめられ
よどみ渦まきせめぎあい

```
コーラス          ＋コーラス      コーラス
1 2 3            ＋ ＋           1 2 3
        3 2 1    3 2     1
1                                      2
2
3
```

しかもやすらぎがある
あこがれだ
そしていかりがかくれている
心のダムにせきとめられ
よどみ渦まきせめぎあい
いまあふれようとする
この気もちはなんだろう

あの空の青に手をひたしたい
まだ会ったことのないすべての人と
会ってみたい話してみたい
あしたとあさってが一度にくるといい
ぼくはもどかしい
地平線のかなたへと歩きつづけたい
そのくせこの草の上でじっとしていたい
大声でだれかを呼びたい
そのくせひとりで黙っていたい
この気もちはなんだろう
この気もちはなんだろう
この気もちはなんだろう（小さく）

いまあふれようとする
この気もちはなんだろう
あの空の青に手をひたしたい
まだ会ったことのないすべての人と
会ってみたい話してみたい
あしたとあさってが一度にくるといい
ぼくはもどかしい
地平線のかなたへと歩きつづけたい
そのくせこの草の上でじっとしていたい
大声でだれかを呼びたい
そのくせひとりで黙っていたい
この気もちはなんだろう

わかりやすい
脚本づくりを

第1章 群読って何だ⁉

❼ 群読づくりの手順

◆指導のエッセンス♣

群読づくりとはみんなで群読を完成していく練習過程である。すでに述べてきているが、みんなで群読を完成していく練習過程である。すでに述べてきているが、次のように進める。
① みんなで全文を読み、文の内容や読み方を把握する。
② 分読の分担をきめる。①で共通理解した仲間の声量や声の質から判断する。
③ 分担通りに読む。

教師が子どもたちに教える手順といってもよい。子どもたちがグループをつくって群読を完成していくときも、このような流れにそって進める。

なお③の後、みんなの前で発表する際には、次のようなことも決めて練習しておく。

・タイトルや作者名をどう読むか
・挨拶や出だしの合図は誰が受け持つか
・並び方はどうするか
・簡単な動作はつけるか

これらを話し合いながら群読を完成させていく。

♥3つのポイント♣

❶ みんなで全文を読むときの流れ
a 教師が手本となる読み方を示す＝「範読」
b 一文ずつ教師に続いてみんなで読む＝「連れ読み」
c 重要な箇所・読みにくい文をみんなで読む。難しい読み方やアクセントなどを取り出して、その部分だけを読む＝「拾い読み」
d ここで一度、教師とみんなで一斉に読む＝「斉読」
e 一人が一文を読み、次々にまわす＝「一文読み」

❷ 分読の分担をきめる
ソロやアンサンブル、あるいは役ごとの担当を決める。a～eで仲間の声質や声量がわかってくるので、誰がふさわしいかを相談する。立候補で決めてもよい。

❸ 分担通りに読む
決めた分読分担で読む。（大）（小）は教師の声量。教師はだんだん声量を下げ、子どもの声を引き出していく。

教師（大）＋担当の子ども
教師（小）＋担当の子ども
子どもだけで役割読み

※ 竹(たけ)
――萩原(はぎわら) 朔太郎(さくたろう)

（読み手）1～4のアンサンブル

1	2	3	4
光る地面に竹が生え(は)	竹が生え	竹が生え	竹が生え
青竹が生え	青竹が生え	青竹が生え	青竹が生え
地下には竹の根が生え	根が生え	根が生え	根が生え
根がしだいにほそらみ	根がしだいにほそらみ	根がしだいにほそらみ	根がしだいにほそらみ ほそらみ
根の先より繊毛(せんもう)が生え	根の先より繊毛が生え	根の先より繊毛が生え	根の先より繊毛が生え 繊毛が生え 繊毛が生え
かすかにけぶる繊毛が生え	かすかにけぶる繊毛が生え	かすかにけぶる繊毛が生え	
かすかにふるえ。			
かたき地面に竹が生え			

32

第1章　群読って何だ!?

10	9	8	7	6	5	4	3	2	1
地上にするどく竹が生え	まっしぐらに竹が生え	凍(こお)れる節節(ふしぶし)りんりんと	りんりんと	りんりんと	青空のもとに竹が生え	竹が生え	竹が生え	竹が生え	竹が生え。
竹が生え	竹が生え	竹が生え	りんりんと	りんりんと	竹が生え	竹が生え	竹		竹が生え。
竹が生え	竹が生え	竹が生え	りんりんと		竹が生え	竹が生え		竹	竹が生え。
竹が生え	竹が生え	竹が生え	りんりんと					竹	竹が生え。

群読の指導は指導全般に広がる！

竹

萩原　朔太郎

光る地面に竹が生え
青竹が生え
地下には竹の根が生え
根がしだいにほそらみ
根の先より繊毛が生え
かすかにけぶる繊毛が生え
かすかにふるえ。

かたき地面に竹が生え
地上にするどく竹が生え
まっしぐらに竹が生え
凍れる節節りんりんと
青空のもとに竹が生え
竹　竹　竹が生え。

第1章　群読って何だ!?

❽ 導入はふたり読みから

◆指導のエッセンス◆

少人数学級だから群読ができないという声がある。

群読は、大勢で読む活動だと考えるからだろう。

そこで家本芳郎先生によって考案された読み方が、ふたり読みである。文字通り2人で読むので、児童生徒が1名の学級でも、教師とふたりで読むことができる。

読み手を1と2のグループに分けたり、1を教師、2を子どもたち全員というように分ければ大勢でも読める。

ふたり読みは群読の導入にも適している。いきなり数パートに分かれての複雑な群読は難しいが、ふたり読みは2つに分かれるだけなので、簡単に読めるからである。

さらに、ふたり読みは朗読から群読に進むときの中間教材と見ることができる。

ひとりで読む朗読からふたり読みに進むことで、相手の読み方を聞き、朗読の技を交流し、間の取り方や読む速さなどを合わせて群読を完成させていく。その過程で、互いに協力して創造する第一歩を踏み出すことになる。

◆3つのポイント◆

❶読み手の決め方

誰が1、2を読むかは、文の内容から考える。女子が1、男子が2となって読むと文にぴったりと合う場合がある。あるいは1をソロ、2を全員とする方がいいこともある。座席の位置でランダムに二等分することもある。どのような分け方が適しているか、子どもに意見を求めてもよい。

こうした話し合いから作品の読みが深まっていく。

❷ふたり読みに適した作品

ふたり読みに適した作品は、およそ次の3点のどれかを満たすようなものから選択すればよいだろう。

a　文がふたりの会話のようになっている詩

b　情景と感情のように異なる2つ内容が書かれた詩

c　数え歌のように交互に読んでいける詩

あとは子どもたちの興味・発達段階に応じて決めてよい。

❸家庭の文化活動にもなる

ふたり読みは家庭でも楽しめる。ある教師は「家族でふたり読みをして、翌日感想を発表しよう」という宿題を出したところ、夕食後に祖父母、きょうだいも交えて家族で楽しく読んだという感想が保護者から寄せられたという。

＊すっからかんの かん

――阪田(さかた)寛夫(ひろお)

（読み手）1、2のソロ2人

　　　　すっからかんの かん　　阪田 寛夫

1　すっからかんの かん
2　すっからかんの かん

1　地球のうえに なにがある？
2　地球のうえにゃ そらがある
1　そらのまだうえ やねがあるのか？
2　なんにもない ただのそら
1　すっからかんの かん
2　すっからかんの かん

1　地球のしたに なにがある？
2　地球のしたにも そらばかり
1　そらのまだした なにがあるのさ？
2　なんにもない ただのそら
1　すっからかんの かん
2　すっからかんの かん

ふたりで読めば、なお楽し

すっからかんの かん　　阪田 寛夫

地球のうえに なにがある？
地球のうえにゃ そらがある
そらのまだうえ やねがあるのか？
なんにもない ただのそら
すっからかんの かん

地球のしたに なにがある？
地球のしたにも そらばかり
そらのまだした なにがあるのさ？
なんにもない ただのそら
すっからかんの かん

第2章 主な群読の技法

① 役割読み

◆指導のエッセンス♣

役割読みとは、文中の登場人物（動物など）ごとに、その台詞を担当する読み手が台詞を読む方法である。地の文はナレーター（語り手）が読むことになる。

以下のようになる。

語り手　二人は試合に負けた日本の選手を分析した。
大家さん　あの選手はプレッシャーに負けたね。
八つぁん　ほんと、プレッシャーにやられたね。
大家さん　プレッシャーに勝つ方法はないものかね
八つぁん　ところでプレッシャーってどこの国の人？

このように役割読みは、物語や会話文で使われることが多い。

詩を役割読みすることはできないのだろうか。詩は、物語と違い、台詞が「　」で区切られていないことが多く、直接的な役割読みは難しい。

しかし、内容から判断して、2人、または数人の会話だと見ることができれば役割読みをすることができる。

♥3つのポイント♠

❶ 一役はその役にひとりが原則

一役にひとりが原則である。ある台詞を強調するために その台詞だけを複数で読んだり、漸増法で読み手を増やすこともあるが、これは例外である。もう一つ、例外がある。大勢を群読に参加させたいが、人数が多すぎて役割が足りないときである。こんなときは、一役を複数で読む。くわしくは「物語の群読」（90ページ）で述べる。

❷ ナレーターは複数でもよい

一役にひとりの原則を述べたが、ナレーターは別である。複数で読む方がかえって効果的な場合もある。

例えば、情景と心情を表す場面を別々のナレーターが読む。あるいは、平家物語で源平の言動を際立たせるために、あえて源平それぞれに関する記述だけを読むナレーターを置くというようにである。

❸ ナレーターをなくすこともできる

地の文をナレーターが読むとき、わずらわしく聞こえるときは、台詞の担当者が、次のように地の文を読んでよい。

翔役　翔は「お母さんおそいなぁ」とつぶやいた。

※ 蛇（へび）のうた —— 室生（むろう） 犀星（さいせい）

(読み手) ソロ1〜3と蛇の4人
(記 号) ＋漸増

蛇のうた　　　室生犀星

1
あんまり長いので
自分の尾もろくろく見たことがない、
春のあたたかい日にあなから出ると
長いあくびをする。

2
冬は長かったなあ、
そしてひさしぶりで野山の
きょねんと同じけしきを見て
やれやれみんなかわらずにいたなあという。

3
けれども木や草はだまっている、
蛇はそこでゆっくりおしっこをして
さてくびをあげ
どこへ行って何をごちそうになろうと
長い汽車のように歩いてゆく。

1　蛇
2　蛇
3　蛇
＋3
1 2 3　蛇

蛇のうた

室生　犀星

あんまり長いので
じぶんの尾もろくろく見たことがない、
春のあたたかい日にあなから出ると
長いあくびをする。

冬は長かったなあ、
そしてひさしぶりで野山の
きよねんとおなじけしきを見て
やれやれみんなかはらずにゐたなあといふ。

けれども木や草はだまつてゐる、
蛇はそこでゆつくりおしつこをして
さてくびをあげ
どこへいつてなにをごちそうにならうと
長い汽車のやうにあるいてゆく。

❷ ソロ・アンサンブル・コーラス

◆指導のエッセンス♣

ソロ・アンサンブル・コーラスはもともと音楽の用語で、それを朗読に取り入れたものである。分読するときの人数やその役割を示す。演出家の酒井誠氏によって名付けられた。ソロはひとりで読む、アンサンブルは少人数で読む、コーラスは大勢で読むという意味である。

では群読において、ソロ・アンサンブル・コーラスはどんな基準で使い分けるのだろうか。

はっきりした基準はないが、例えば物語において、その3つに読み手を分ける場合、主役となる登場人物がいるときは、主役をソロにする。主役とともに物語の中心的な役目を担うメンバーがアンサンブル。その他の登場人物がコーラスを担う、というイメージである。

詩の場合はさらに曖昧である。文章の内容から効果的な読み手になるように、好みで分読分担を決めてよい。群読を担うふたり読みから発展させて、こうした分読を取り入れ、さらに豊かな表現をめざしたい。

♥3つのポイント◆

❶ソロ

「ひとりで読む」部分である。「ひとりが読む」ではないのでひとりがすべてを受け持ってもよいし、読み手が交替してもよい。多くの子どもの出番をつくるためにソロの部分をひとりずつ順番に読むことがある。卒業式の呼びかけなどで見られる読み方だが、多様な声が出て統一感は失われることは知っておきたい。

❷アンサンブル

少人数で読む箇所である。人数は全体の6分の1程度。アンサンブルはソロと同じように主役になって読むこともあるし、ソロを引き立てる背景音になることもある。

❸コーラス

コーラスは大勢で読む部分で、人数の比率は全体の6分の5程度がよい。コーラスには次のような場合がある。

a 背景音として本文の読みを支える
b 大勢で読むことで強調する
c 「村の人々」「○小のみんな」などの役割を担う
d ナレーターとして物語を進行する
e 登場人物の心の動きや場面の状況を表現する

＊かさこじぞう　昔話

（読み手）ソロ（語り手）、アンサンブル（じいさまとばあさま）、コーラス（子どもたち兼地蔵）
（記　号）　§乱れ読み　＊破調

ソロ	アンサンブル	コーラス
こな雪 ふる日のことでした		
むかーし むかーし ある村に		
働きものの おじいさん		
心のやさしい おばあさん		
まずしい ふうふが おりました		
もうすぐ 正月くるけれど		
おもちの 一つも かえません		
	さらさら さらり さらさらりん	さらさら さらり さらさらりん
	そこでおじいさん考えた	
	五つのかさをこしらえて	
	このかさ売ってばあさまに	
	ごちそう食わせてやりたいと	
	町へ出かけたおじいさん	
	残念 一つも売れません	さらさら さらり さらさらりん
		さらさら さらり さらさらりん
		さらさら さらり さらさらりん
		さらさら さらり さらさらりん
		さらさら さらり さらさらりん
		さらさら さらり さらさらりん

大雪 ずんずん ふってきて
ずんずんずんずん ずんずんと
ずんずんずんずん ずんずんと
ずんずんずんずん ずんずんと
ずんずんずんずん あーれあれ
地蔵が六人ならんでる

しかたがないので帰ろうと
道を急げば あーれあれ

おうおう寒かろ地蔵さま
手にしたかさを さあどうぞ
ずんずん ずんずん 雪がふる

ところが一つ足りなくて
古いがかんべんしてください
自分のかさを さあどうぞ
ずんずん ずんずん 雪がふる

家へ帰ったじいさまに
すべてをきいたばあさまは
ずんずん ずんずん 雪がふる

まあまあ よいことしなさった
もちなど なくてもかまいません
ずんずん ずんずん 雪がふる

にっこり笑って言いました
その日の夜もふけたころ
聞こえる聞こえる足音が
さくさくさくと 雪道を

なにやら声も聞こえます

さくさくさくと ふみしめる
さくさくさくさく さくさくさく
さくさくさくさく さくさくさく

じさまの家は どこだろう
さくさくさくさく さくさくさく
六人じぞうにかさかした
さくさくさくさく さくさくさく
じさまの家は どこだろう
さくさくさくさく さくさくさく
ここだ ここだと 手をたたけ
さくさくさくさく さくさくさく
じさまの家は どこだろう
さくさくさくさく さくさくさく

そうしてそのまま消えたとさ。

家を見つけた地蔵さま
背中のにもつをおろしたら
さくさくさくさく さくさくさく

＊§どーんずしーん……

お米に 野菜に お魚の
ごちそう山ほど置いてある

それからふたりは お正月
なかよく たのしくすごしたよ
こな雪ふります さらさらりん
こな雪ふります さらさらりん
こな雪ふります さらさらりん
こな雪ふります さらさらりん

こな雪ふります さらさらりん
こな雪ふります さらさらりん

こな雪ふります さらさらりん

❸ バックグラウンド用法

◆指導のエッセンス◆

ある文を読むとき同時に別の文を読む。これを平行誦（しょう）という。

その平行誦のひとつにバックグラウンド用法がある。

ただし、この場合ふたつの文は同格でなく、一方が主であり、もう一方はそれを引き立てるという位置づけである。合唱で主旋律に合わせて、伴奏音・背景音としてバックコーラスをつけることがある。読むときにも、それと同じように背景音となる言葉を読むのである。

本項の脚本では上段が本文、下段が背景音である。

背景音は本文の引き立て役だから、本文が聞こえるように読まなくてはならない。

そのために、背景音は小さい声でリズムを刻むように読む。ちなみに、子どもに「コーラスの背景音は小さい声で読みなさい」と指示すると、音量は下がるものの、元気よさまで消えて弱々しい声になってしまうことが多い。そんなときには、声を出さずに発音する無声音を使って読ませる（後述）。

♥3つのポイント♦

① 背景音は簡単な語句にする

背景音となる言葉は、本文のじゃまにならないように、なるべく簡単な言葉にする。ひとつの言葉の繰り返しや擬音・かけ声など短い言葉の反復も適している。

② 背景音は小さい声で読む

上段（ソロ）と下段（コーラス）が同じ声量で読むと、読み手の人数に差があるので、主役である上段が聞こえにくくなる。そこで下段は上段が聞こえるように小さく読む。

ただし、上下段が同じ言葉、または、下段だけが読む場合はコーラスの人たちは通常の大きさで読んでよい。

③ 無声音の教え方

コーラスの読み手の人たちに小さく読むように指示すると、声量と共に声まで弱々しくなってしまうことがある。勢いは保ったまま音量を下げるのは、意外と難しい。そんなときは無声音を教えるといい。無声音とは「声帯を震わさずに出す声」である。ただし、そのまま教えても子もには伝わらないので、「内緒話やひそひそ話の声と普通の声を半分ずつ混ぜた声で読んでみよう」などと、わかりやすい言い方で教える。

※大阿蘇 ——— 三好 達治

（読み手）ソロ1〜5とコーラス
（記　号）○間　＋漸増

	ソロ	コーラス
ソロ全員	雨の中に　馬がたっている	雨の中に　馬がたっている
1	一頭	
＋2	二頭	
＋3	仔馬をまじえた　馬の群が	
＋4	雨の中に　たっている	
＋5	雨は蕭々と　降っている	雨は蕭々と　降っている
1	尻尾も	（小さく）蕭々と
＋2	背中も	（小さく）蕭々と
＋3	鬣も	（小さく）蕭々と
＋4	ぐっしょり　濡れそぼって	（小さく）蕭々と　蕭々と

+5　彼らは草を　たべている	（小さく）蕭々と　蕭々と
1　あるものはまた　草もたべずに　きょとんとして　うなじを垂れてたっている	馬は草を　食べている
	○　山は煙をあげている 雨は蕭々と　降っている
2 3　中岳の　頂から　うすら黄ろい　重っ苦しい噴煙が　濛々と　あがっている	（小さく）濛々と　濛々と
4　空いちめんの　雨雲と　やがてそれはけじめもなしにつづいている	（小さく）濛々と　濛々と （小さく）濛々と　濛々と （小さく）濛々と　濛々と　濛々と
+5	山は煙をあげている
1　馬は　草を食べている	
+2　草千里浜の　とある丘の	（小さく）雨は蕭々と降っている
+3　雨にあらわれた　青草を	（小さく）雨は蕭々と降っている （小さく）雨は蕭々と降っている

第2章　主な群読の技法

ソロ／全員		
+4　彼らは　いっしんに食べている		(小さく)雨は蕭々と降っている
+5　いっしんに　食べている		(小さく)雨は蕭々と降っている
1　ぐっしょりと雨に濡れて		
+2　いつまでもひとつところに		
+3　彼らは静かに集まっている		彼らはそこにみんな静かにたっている
+4　もしも百年がこの一瞬の間にたったとしても		
+5　何の不思議もないだろう		
1　雨が　降っている		(小さく)蕭々と　蕭々と
2　雨が　降っている		(小さく)蕭々と　蕭々と
3　雨が　降っている		(小さく)蕭々と　蕭々と
4　雨が　降っている		(小さく)蕭々と　蕭々と
5　雨が　降っている		(小さく)蕭々と　蕭々と
雨は蕭々と　降っている		雨は蕭々と　降っている

※蕭々(しょうしょう)と＝雨や風の音などがものさびしいさま

大阿蘇

三好　達治

雨の中に　馬がたっている
一頭二頭子馬をまじえた馬の群れが　雨の中にたっている
雨は蕭々と降っている
馬は草をたべている
しっぽも背中もたてがみも　ぐっしょりとぬれそぼって
彼らは草をたべている
草をたべている
あるものはまた草もたべずに　きょとんとしてうなじをたれてたっている
雨は降っている　粛々と降っている
山は煙をあげている
中岳の頂から　うすら黄いろい　重っ苦しい噴煙がもうもうとあがっている
空いちめんの雨雲と
やがてそれはけじめもなしにつづいている
馬は草をたべている
草千里浜のとある丘の
雨に洗われた青草を　彼らはいっしんにたべている
たべている
彼らはそこにみんな静かにたっている
ぐっしょりとあめにぬれて　いつまでもひとつところに
彼らは静かに集まっている
もしも百年が　この一瞬の間にたったとしても　なんの不思議もないだろう
雨が降っている　雨が降っている
雨は粛々と降っている

❹ 漸増・漸減

◆指導のエッセンス♣

漸増とはだんだん読み手を増やして読むこと。漸減とは逆に読み手を減らすことである。「＋」「－」の記号で表す。

公民館講座で次のしりとり歌を群読したことがある。

A さよなら三角またきて四角
＋B 四角は豆腐
＋C 豆腐は白い（以下次のように続く）
＋D 白いはうさぎ ＋E うさぎははねる ＋F はねるはかえる ＋G かえるは青い ＋H 青いは柳 ＋I 柳はゆれる ＋J ゆれるは幽霊 ＋K 幽霊は消える ＋L 消えるは電気 ＋M 電気は光る ＋N 光るは夜空のお星様――ここが頂点なので、全員が力いっぱいの声で読む。この後は折り返して減っていく。

全員 夜空は光る －N 光は電気 －M 電気は消える －K 消えるは幽霊……これが漸減である。

なお漸増は「声の足し算」、漸減は「声の引き算」のように、わかりやすい言葉で教えるとよい。

♥3つのポイント♠

① 漸増・漸減は強調を表す

前述の脚本で漸増・漸減を用いたのは、しりとりは連鎖法という強調の言葉遊びであり、その表現にふさわしいと考えたからである。「漸減も強調か」と思われがちだが、これも「小さくなることで人目を引く」という強調である。

② 漸増・漸減で重要なこと

漸増では声量や勢いが増し、漸減では逆になるように読む。例えば、声の大きい順にABCの3人がいて、声の増加がはっきりするのは、a案、b案のどちらだろうか。

（a案）A
　　　＋B
　　　＋C

（b案）C
　　　＋B
　　　＋A

（c案）ABC
　　　－A
　　　－B

正解はb案。a案のように最大音のAから読むと、次にB、Cが加わっても、Aにかき消されて漸増の感じがしなくなる。その考えでいくと、漸減はc案がよい。

③ 次第に大きな声が出せるように

「声の出やすい教材」を見つけると同時に、漸減・漸増で声量に合わせて分読しながら、次第に誰もが大きな声を出せるようにしていくことが、声を育てる筋道である。

※ **道程(どうてい)**――高村　光太郎(こうたろう)

（読み手）ソロ1〜5、または5グループ
（記　号）＋漸増　－漸減

12345	道程　高村光太郎
2345　1	僕の前に道はない 僕の後ろに道は出来る
＋5 ＋4 ＋3 ＋2 1	ああ、自然よ 父よ 僕を一人立ちさせた広大な父よ 僕から目を離さないで守る事をせよ 常に父のきはくを僕に充たせよ
12345 －45 －23	この遠い道程のため この遠い道程のため この遠い道程のため（ゆっくりと）

漸増・漸減で強調を

道　程

　　　　高村　光太郎

僕の前に道はない
僕の後ろに道は出来る
ああ、自然よ
父よ
僕を一人立ちさせた広大な父よ
僕から目を離さないで守る事をせよ
常に父の気魄(きはく)を僕に充たせよ
この遠い道程のため
この遠い道程のため

第2章　主な群読の技法

⑤ 追いかけ

◆指導のエッセンス◆

追いかけとは、輪唱のように複数の読み手が次々に遅れて読む技法である。本項で取り上げた「どこかで春が」(百田宗治)の一文で見てみよう。

胸を躍らせて春を探す気持ちを追いかけで表現した。

1　どこかで春が　うまれてる
2　　どこかで春が　うまれてる

1が「どこかで春が」と読んだところで、2が「どこかで」と読み始める。どの語句から追いかけるかも大切である。次のような追いかけもできる。

1　どこかで春が　うまれてる
2　　　どこかで春が　うまれてる

こう読むと「どこかで」とくり返され、前者とは違った効果が出る。なお、追いかけは読み手1、2だけでなく、3も加えることもできる。ただし、三重、四重くらいまでの追いかけが限度である。あまりに多く追いかけると、乱れ読みになってしまうからである。

◆3つのポイント◆

❶追いかけのセオリー

a　長文の追いかけはしない。長くても2文程度に。
b　はじめにもとになる文を読んで提示し、次から追いかける。次のようになる。

1　どこかで春が　うまれてる　(提示する文)
2　　どこかで春が　うまれてる

❷終わりをそろえる場合もある

追いかけは遅れて出るので、終わりが一緒にならない。それが面白いわけだが、「区切りをよくする」「次の出だしを読みやすくする」ために、同時に終わりたいこともある。そういう場合は「うまれてる」のように、最後の語句を繰り返すと、ほぼ一緒に終わることができる。

1　どこかで春が　うまれてる　うまれてる
2　　どこかで春が　うまれてる　うまれてる
3　　　どこかで春が　うまれてる

❸違う言葉で追いかけもできる

追いかけは同じ言葉だけではない。異なる文で追いかけることもできる。これを異文重層読みという。

※どこかで春が――百田 宗治

（読み手） ソロ1〜4の4人、または4グループ
（記　号） ⌐ 追いかけ

全員　　どこかで春が　　百田宗治

1　どこかで春が　うまれてる
2　どこかで水が　ながれだす

3　どこかでひばりが　ないている
4　どこかで芽の出る　音がする

全員1　どこかで
全員2　春が　うまれてる
全員1　どこかで
全員2　水が　ながれだす
全員3　どこかで
全員3　ひばりが　ないている
全員　　どこかで

追いかけで文意を効果的に表現

どこかで春が　　百田　宗治

どこかで　春が　生まれてる
どこかで　水が　流れ出す
どこかで　ひばりが　啼いている
どこかで　芽の出る　音がする
山の三月　東風吹いて
どこかで　春が　生まれてる

　　　　　　　　　　　　　　　　　　　　　　４　芽の出る　音がする

　　　　　　　　　　　　　　　全員
　　　　　　　４　３　２　１
　　　　　　　┌─────┐
　　　　　　　│　　　　山の三月　東風(こち)吹いて
　　　　　　　│　　どこかで春が　うまれてる
　　　　　　　│　どこかで春が　うまれてる
　　　　　　　│どこかで春が　うまれてる
　　　　　　　└─どこかで春が　うまれてる　うまれてる　うまれてる

⑥ 乱れ読み

◆指導のエッセンス♣

大勢で読むときは揃うように読むのが普通だが、乱れ読みはあえてバラバラに読む技法である。

出だしも終わりもバラバラに読む。早口で読んだり、ゆっくりと読んだりする人がいてもよい。

一文を乱れ読みするときに極端に時差があると、次の文の読みはじめに支障をきたすので、だいたい一緒に読みはじめ、終わりもだいたい同じくらいに終わる。聞き手が「バラバラに読んでいるな」とわかる程度がよい。

乱れ読みは、群読に変化をつけるために採用するのではない。この技法によって詩文がさらに効果的に表現されるように使う。

「§」の記号で表す。

なお、前項の「追いかけ」の技法を使うとき、追いかける読み手は多くても3人から4人までにする。それ以上の人数で追いかけると、この乱れ読みと同じようになってしまうからである。

♥3つのポイント♠

❶乱れ読みの留意点

聞いていて、何を読んでいるかわからなくては単なる騒音になってしまう。そこで、次のような工夫が必要になる。この中から仲間で話し合って適当な手法を取り入れる。

a それぞれの読み手が意識して明確に発音する。

b まず、もとになる文を読み、その後、乱れ読みに入る。

c 声が大きく、はっきり聞こえる声の読み手を数人決め、その読みは揃えて読む。他は低音や高音の声、太い声など、いろいろな声で乱れ読みをしていく。

❷乱れ読みの次の文はソロが読む

乱れ読みは大勢がバラバラに読むので、読み終わりは全員が静かになったときである。その場合、次の文の出だしが難しくなり、また読み始める合図が必要になる。そこで、次の文の読み手はソロにしておく。ソロは原則ひとりなので乱れ読みが終わったと感じたところで、自分のタイミングで読み始めることができるからである。

❸どのような文がふさわしいか

乱れ読みは多くてもちょうちょうが飛ぶ情景や、古典における騒然たる戦闘場面など、躍動感のある表現に適した技法である。

第2章 主な群読の技法

※ 正午 丸ビル風景 ―― 中原 中也

（読み手）ソロ1〜4の4人、または4グループ
（記　号）§ 乱れ読み 「追いかけ ＋漸増
＝＝ バックグラウンド用法

全員　　正午　丸ビル風景　中原中也

1　　ああ十二時のサイレンだ
全員　サイレンだ、サイレンだ
1　　ぞろぞろぞろぞろ出てくるわ、出てくるわ出てくるわ
全員§ぞろぞろぞろぞろ出てくるわ、出てくるわ、出てくるわ
2　月給取りのひる休み、ぷらりぷらりと手を振り
3　ぷらりぷらりと手を振って
4　あとからあとから出てくるわ、出てくるわ出てくるわ
1　あとからあとから出てくるわ、出てくるわ出てくるわ
2　あとからあとから出てくるわ、出てくるわ出てくるわ
　　――あとからあとから出てくるわ、出てくるわる出てくるわ
　　　（3 4 バックコーラス）
3　＝＝出てくる出てくる出てくるわ
4　＝＝出てくる出てくる出てくるわ

1　大きなビルの真ッ黒い、
2　小ッちゃな小ッちゃな出入口

1　出てくる出てくる出てくるわ
2　小ッちゃな小ッちゃな出入口
1　空はひろびろ薄曇り
2　薄曇り
全員　埃りも少々立っている
1　ぷらりぷらりと手を振って
2　ひょんな眼付で見上げても、眼を落としても……
3　なんのおのれが桜かな
4　桜かな、桜かな
全員　ああ十二時のサイレンだ、サイレンだ
1　§出てくるわ、出てくるわ出てくるわ……
2　ぞろぞろぞろぞろ出てくるわ
3　ぞろぞろぞろぞろ出てくるわ出てくるわ
4　ぞろぞろぞろぞろ出てくるわ、出てくるわ出てくるわ
全員　§ぞろぞろぞろ出てくるわ、出てくるわ
1　大きいビルの真ッ黒い、小ッちゃな小ッちゃな出入口
全員　（小さく）小ッちゃな小ッちゃな出入口
1　空吹く風にサイレンは
全員　響き響きて消えてゆくかな

出てくる出てくる出てくるわ
出てくる出てくる出てくるわ
出てくる出てくる出てくるわ
出てくる出てくる出てくるわ
出てくる出てくる出てくるわ

第2章　主な群読の技法

全員　§消えてゆくかな　消えてゆくかな　消えてゆくかな　消えてゆくかな

乱れ読みで動きを表現

正午　丸ビル風景

中原　中也

あゝ十二時のサイレンだ、サイレンだサイレンだ
ぞろぞろぞろぞろ出てくるわ、出てくるわ出てくるわ
月給取の午休み、ぷらりぷらりと手を振って
あとからあとから出てくるわ、出てくるわ出てくるわ
大きなビルの真ッ黒い、小ッちやな小ッちやな出入口
空はひろびろ薄曇り、薄曇り、埃りも少々立つてゐる
ひよんな眼付で見上げても、眼を落としても……
なんのおのれが桜かな、桜かな桜かな
あゝ十二時のサイレンだ、サイレンだサイレンだ
ぞろぞろぞろぞろ、出てくるわ出てくるわ出てくるわ
大きなビルの真ッ黒い、小ッちやな小ッちやな出入口
空吹く風にサイレンは、響き響きて消えてゆくかな

❼ 異文平行読み

◆指導のエッセンス♣

複数の異なった文を同時に読む技法を異文平行読みという。先に紹介したバックグラウンド用法も異文平行読みのひとつである。ただし、これは一方が主役でもう一方は引き立て役だった。ところが同じ異文平行読みでも、主役脇役の区別なく同じ重さで両方を読むことがある。じつはこれが本来の意味での異文平行読みである。

この用法は音楽で使われる。「I've Got A Feeling」(ビートルズ)という歌の後半には、ボーカルのポールとジョンが2つの異なる詩とメロディーを同時に歌う部分がある。力強い声で激しく歌われるロック調の曲と、ゆったりしたバラードがバランスよく調和して歌の終盤を盛り上げていく。

この技法を読みに適用したのが異文平行読みである。2〜3部の異文平行読みであれば、言葉を聞き取ることもできるが、4部以上になると多くの言葉が入り交じって騒然とした感じになる。したがって、この技法はそうした特徴を生かすような場面で使うようにする。

♥3つのポイント♠

❶複数の様子や躍動する場面で使う

この技法は、例えば源平の合戦のような戦闘場面などに適している。第4章の古典の群読「壇の浦の合戦」にも、次のように取り入れている。

(例文1)

A さしつめ引きつめ　さしつめ引きつめ　さしつめ引きつめ

B 駆け出で駆け出で　駆け出で駆け出で　駆け出で駆け出で

C 討ちつ討たれつ　討ちつ討たれつ　討ちつ討たれつ

❷もうひとつの読み方

(例文1)は次のように語句を替えて読んでもよい。

A さしつめ引きつめ　駆け出で駆け出で　討ちつ討たれつ

B 駆け出で駆け出で　討ちつ討たれつ　さしつめ引きつめ

C 討ちつ討たれつ　さしつめ引きつめ　駆け出で駆け出で

❸騒音に聞こえないよう工夫

数パートに分かれた異文平行読みはたんなる騒音に聞こえがちである。そんな効果をねらう場合もあるが、はっきりと言葉を伝えるために通常は次のような工夫をする。

a 語句を単独で読み提示した後、異文平行読みに入る

b 例文の太文字部分を特に大声で読む

第2章 主な群読の技法

※こんこんこな雪(ゆき)ふる朝(あさ)に
――三好(みよし) 達治(たつじ)

(読み手) ソロ1〜3の3人、または3グループ
(記　号) ⊓ 異文平行読み　＋漸増　一漸減

1 2 3
　こんこんこな雪ふる朝に　　三好達治

1
　こんこんこな雪ふる朝に

2
　また水仙もさきました

3
　梅が一輪さきました

1
　海に向かってさきました

2 3
　また水仙もさきました　海に向かってさきました

⊓
　海に向かってさきました　梅が一輪さきました　また水仙もさきました

1
　梅が一輪さきました　海に向かってさきました　また水仙もさきました

＋2
　また水仙もさきました　梅が一輪さきました

＋3
　海に向かってさきました　また水仙もさきました

1
　海はどんどと冬のこえ

＋2
　空より青い沖のいろ

＋3
　沖にうかんだはなれ島

1
　島では梅がさきました

　　　　　　　　　　　　　　１　　　　　　　　　　　　　　２
　　　　　　　　　　　　　　３
　　　　　　　　　　　１
　３　２　１　３　２　１　２　　　　　３　２　１　３　２

島　こ　ひ　島　た　れ　一　三　一　ま　島　赤　ま
い　ん　よ　い　ん　ん　つ　つ　つ　た　で　い　た
ち　こ　ど　ち　た　れ　畑　の　小　水　は　つ　水
ば　ん　り　ば　ん　ん　に　顔　島　仙　梅　ば　仙
ん　な　小　ん　た　れ　さ　で　に　も　が　き　も
に　雪　鳥　に　ん　ん　き　さ　さ　さ　さ　も　さ
さ　ふ　の　さ　ぽ　げ　ま　き　き　き　き　さ　き
き　る　よ　き　ぽ　は　し　ま　ま　ま　ま　き　ま
ま　朝　ぶ　ま　ね　ま　た　し　し　し　し　ま　し
し　に　こ　し　む　だ　　　た　た　た　た　し　た
た　　　え　た　っ　お　　　　　　　　　　　た
　　　　に　　　て　き　　　　　　　　　赤　　　赤
　　　　　　　　る　ぬ　　　　　　　　　い　　　い
　　　　　　　　　　　　　　　　　　　　つ　　　つ
　　　　　　　　　　　　　　　　　　　　ば　　　ば
　　　　　　　　　　　　　　　　　　　　き　　　き
　　　　　　　　　　　　　　　　　　　　も　　　も
　　　　　　　　　　　　　　　　　　　　さ　　　さ
　　　　　　　　　　　　　　　　　　　　き　　　き
　　　　　　　　　　　　　　　　　　　　ま　　　ま
　　　　　　　　　　　　　　　　　　　　し　　　し
　　　　　　　　　　　　　　　　　　　　た　　　た

　　　　　　　　　　　　　　　　　　　　島　　　島
　　　　　　　　　　　　　　　　　　　　で　　　で
　　　　　　　　　　　　　　　　　　　　は　　　は
　　　　　　　　　　　　　　　　　　　　梅　　　梅
　　　　　　　　　　　　　　　　　　　　が　　　が
　　　　　　　　　　　　　　　　　　　　さ　　　さ
　　　　　　　　　　　　　　　　　　　　き　　　き
　　　　　　　　　　　　　　　　　　　　ま　　　ま
　　　　　　　　　　　　　　　　　　　　し　　　し
　　　　　　　　　　　　　　　　　　　　た　　　た

　　　　　　　　　　　　　　　　　　　　　　　　ま
　　　　　　　　　　　　　　　　　　　　　　　　た
　　　　　　　　　　　　　　　　　　　　　　　　水
　　　　　　　　　　　　　　　　　　　　　　　　仙
　　　　　　　　　　　　　　　　　　　　　　　　も
　　　　　　　　　　　　　　　　　　　　　　　　さ
　　　　　　　　　　　　　　　　　　　　　　　　き
　　　　　　　　　　　　　　　　　　　　　　　　ま
　　　　　　　　　　　　　　　　　　　　　　　　し
　　　　　　　　　　　　　　　　　　　　　　　　た

第2章　主な群読の技法

　　使い方に注意、異文平行読み

こんこんこな雪ふる朝に　　三好　達治

こんこんこな雪ふる朝に
梅がいちりんさきました
また水仙もさきました
海にむかってさきました
海はどんどと冬のこえ
空より青い沖のいろ
沖にうかんだはなれ島
島では梅がさきました
また水仙もさきました
赤いつばきもさきました
三つの花は三つのいろ
三つの顔でさきました
一つ小島にさきました
一つ畑にさきました
れんれんれんげはまだおきぬ
たんたんたんぽぽねむってる
島いちばんにさきました
ひよどり小鳥のよぶこえに
こんこんこな雪ふる朝に
島いちばんにさきました

⑧ 点丸交換・頭づけ・息つぎ

◆指導のエッセンス♣

点丸交換とは、読点（、）と句点（。）を入れかえて読み、聞き手を集中させる技法である。例えば、「／」で切って話すと、普通に「できなかった。でも……」と、話すより強く聞き手の印象に残る。

頭づけは文の最後の語句を次の語句の頭につける技法で、例えば「故郷の山々／が緑一色」のように、わざと「山々が」の「が」を次の文につけて「が緑一色」と読む。

息つぎは、群読には音符のように呼吸記号がないため、自分たちで「ここで息を吸う」と決めてよい。息つぎの最適な場所は句読点や間である。間と息つぎは違うが、間で息つぎをし、息つぎで間を取る。このように息つぎは密接な関係がある。それだけで不足する場合、別に息つぎの場所を決める。

点丸移動、頭づけ、息つぎを取り入れ自由に読むことで、また新しい表現が生み出されるだろう。

◆3つのポイント♣

❶点丸交換

「祇園精舎」に「平治の信頼。おごれる心もたけき事も」という一節がある。これらは、おごれる心も「平治の信頼〔、〕これらは〔。〕おごれる……」と読むと、「これらは」を意識して強く読むので緊迫感が生まれ、さらにそこで間をおくことで次の言葉への期待感から集中性が高くなる。

❷頭づけ

「山賊のうた」の「雨がふれば小川ができ」という冒頭の部分は、「雨／がふれば／小川／ができ」と「／」で切って歌われている。「雨が」「小川が」の「が」を次の語句の頭につけて歌う。こう歌うことでおもしろい味わいの曲になってくる。

❸息つぎ

NHKドラマの主題歌だった椎名林檎氏の「カーネーション」は、「命をあらわしているのね」「心をそだてているのね」という歌詞を、「命をあ／らわ／しているのね」「心をそ／だて／てるのね」と、切って歌っている。通常では考えられない切り方だが、こう歌うことで言葉が一音ずつ対応し、独特の雰囲気をかもし出す。

枕草子より ―― 清少納言

(読み手) ソロ1〜4の4人、または4グループ
(記　号) 〔〕点丸交換

1234 春はあけぼの。
234 やうやう白くなりゆく山際、少しあかりて、
4 紫だちたる雲の細くたなびきたる。

12 夏は夜。
234 月の頃はさらなり。
12 闇もなほ、蛍のおほく飛びちがひたる〔、〕また
12 ただ一つ二つなど、ほのかにうち光りて行くもをかし〔。〕
3 雨など降るもをかし。

34 秋は夕暮れ。
1 夕日のさして山の端いと近うなりたるに、
2 烏の、寝どころへ行くとて、
3 三つ四つ、
4 二つ三つなど飛び急ぐさへあはれなり〔、〕まいて〔。〕

自由な発想で文章を読もう

　　　　　　　　　　　　　　　　4　雁などのつらねたるが、いと小さく見ゆるは、いとをかし。
　　　　　　　　　　　　　　1　日入り果てて、
　　　　　　　　　　　　　　2
　　　　　　　　　　　　　　3
　　　　　　　　　　　　　　4
　　　　　　　　　　　　3　はた言ふべきにあらず。
　　　　　　　　　　　　4
　　　　　　　　　　2　虫の音など、
　　　　　　　　1　風の音、
　　　　　　　　2
　　　　　　　　3
　　　　　　　　4
　　　　　　3　冬はつとめて。
　　　　1　雪の降りたるは言ふべきにもあらず、
　　　　2　霜のいと白きも、またさらで
　　　3　いと寒きに、火など急ぎおこして、
　　　4　炭持てわたるも、いとつきづきし。
　　1　昼になりて、ぬるくゆるびもていけば、
　　2　火桶の火も、白い灰がちになりて
　　3
　　4　わろし。

64

❾ 強調・タイトル読み・終末効果

♥3つのポイント♠

① 強調

文の中で強調の部分は「文のはじめと終わり」『つまり』や『特に』などの後に続く文」「くり返された言葉」「係り結びの箇所」「傍線部分」「書体が変わった部分」などにある場合が多い。こうした場所から強調すべき部分をさがし、それに応じた技法で表現する。

② タイトル読み

全員で題名と作者名をそのまま読んでもよいし、何らかの技法を使ってもよい。とくに高く強い声で読みはじめる「高出し」は有効である。なぜ、高出しが強調かというと、「序・破・急」のセオリーに反するからだ。高出しは強く、大きく、激しく読むので、静かにはじまるが、普通、出だしはゆっくりと、この意表をついた出だしに聞き手は驚く。

③ 終末効果

終末効果は次を基本にして、後は仲間同士で工夫する。

a 漸増で盛り上げ、最後に決めの言葉を叫ぶ
b 終了寸前に一瞬の間を作り、最後の語句を強く読む
c 漸減や繰り返しで次第に消えていくように読む
d 少し動作を入れて締めくくる

◆指導のエッセンス♣

群読における強調とは、文章中の一部を際立たせるように、分読や表現の技法を取り入れて読むことである。部分を強調する、これが原則である。全体を強調すると強調にならない。では、どこを強調するのか。

ひとつは文章のはじめと終わりである。群読の場合はタイトルと文章の終わりをどう読むかということである。群読の発表では、はじめに題名と作者名を読んだ後、本文の読みに入るのが基本である。

この冒頭の題名と作者の読みをタイトル読みという。タイトル読みにもいろいろな方法がある。作品に対する感慨を仲間で話し合ってユニークなタイトル読みに挑戦したい。

この場合の強調は強く読むだけではない。終末効果とは群読の終わりを強調して読むことである。飾って華やかに読んだり、技法を駆使して締めくくったりする。最後に強い印象を与えて、長く余韻を引こうとするものである。

※つもった雪 ── 金子 みすゞ

（読み手） ソロ1～3の3人、または3グループ
（記　号） ＋漸増

　　　　　　　　　　　　　　金子みすゞ

＋1　つもった雪
＋3　つもった雪
　2　つもった雪

1　上の雪
　　さむかろな。
　　つめたい月がさしていて。

2　下の雪
　　重かろな。
1　　何百人ものせていて。
2
3

3　中の雪　さみしかろな。
　　さみしかろな。

はじめと終わりを工夫しよう

つもった雪　　金子　みすゞ

上の雪
さむかろな。
つめたい月がさしてゐて。

下の雪
重かろな。
何百人ものせてゐて。

中の雪
さみしかろな。
空も地面もみえないで。

第2章　主な群読の技法

　　　　＋　＋
　　　　1　3　2　3　2　1　　3
　　　　つ　つ　つ　中　下　上　　空
　　　　も　も　も　の　の　の　　も
　　　　っ　っ　っ　雪　雪　雪　　じ
　　　　た　た　た　　　　　　　　べ
　　　　雪　雪　雪　　　　　　　　た
　　　　　　　　　　　　　　　　　も
　　　　　　　　　　　　　　　　　み
　　　　　　　　　　　　　　　　　え
　　　　　　　　　　　　　　　　　な
　　　　　　　　　　　　　　　　　い
　　　　　　　　　　　　　　　　　で
　　　　　　　　　　　　　　　　　。

⑩ わたり・わり

◆指導のエッセンス◆

「わたり」も「わり」も、長い文章をひとりで読むと単調になるときに使う。その文を区切りのよい場所で分けて読み、原則として最後に全員で再びくり返す読み方である。歌舞伎の読みのひとつに「渡り台詞」という技法がある。その応用である。わたりの例として、平家物語「知盛」の一節から「壇の浦の合戦」の終結場面を紹介しよう。

　海上には赤旗、赤じるしなげ捨てたりけれど、龍田の川のもみじ葉を嵐の吹散らしたるがごとし。みぎわに寄する白浪も、薄くれないにぞなりにける。主もなきむなしき舟は、塩にひかれ、風に従って、いづくをさすともなく揺られゆくこそ悲しけれ。

　この文章は客観的な情景描写なので、本来は語り手がひとりで読むところだが、教材にする場合は大勢の子どもが参加できるように、わたりを使って読むことができる。

◆3つのポイント◆

❶わたり

前述の文をわたりの技法を使って読んでみる。人数の関係で、例えば同じ人が2行ずつ読むというようにしてもよい。

1　海上には赤旗、赤じるし
2　なげ捨て、かなぐり捨てたりけれど、
3　龍田の川のもみじ葉を嵐の吹散らしたるがごとし。
4　みぎわに寄する白波も、薄くれないにぞなりにける。
5　主もなきむなしき舟は、塩にひかれ、風に従って、
6　いづくをさすともなく揺られゆくこそ悲しけれ。

全員（全文を斉読する）

❷わり

わたりは3人以上で読むが、これをふたりで交互に読むのが、わりである。わたりの一種である。読み手が少ない場合は、わりによって分読するとよい。

❸交誦とわりの違い

交誦（かけあい）とわりの違いは、交誦が対話のように互いのやりとりなのに対して、わりはたんに長い文を分けて交互に読むことである。

奥の細道より「平泉」 —— 松尾芭蕉

(読み手) ソロ1〜8の8人

全員　「奥の細道」より「平泉」　松尾芭蕉

1　三代の栄耀一睡の中にして、
2　大門の跡は一里こなたにあり。
3　秀衡が跡は田野になりて、
4　金鶏山のみ形を残す。
5　先高館にのぼれば、
6　北上川南部より流るる大河なり。
7　衣川は和泉が城をめぐりて、
8　高館の下にて大河に落ち入る。

1　泰衡らが旧跡は、
2　衣が関を隔てて、
3　南部口をさし堅め、
4　夷をふせぐとみえたり。
5　さても義臣すぐつてこの城にこもり、

大勢で読むには、わたりが効果的

6
7 「国破れて山河あり、城春にして草青みたり」
8 と笠打ち敷きて、時の移るまで泪を落しはべりぬ。

全員 巧名一時の叢となる。

全員 卯の花に兼房みゆる白毛かな　曾良
　　　夏草や兵どもが夢の跡

1 かねて耳驚かしたる二堂開帳す。
2 経堂は三将の像をのこし、
3 光堂は三代の棺を納め、三尊の仏を安置す。
4 七宝散りうせて、珠の扉風に破れ、
5 金の柱霜雪に朽ちて、
6 既に頽廃空虚の叢となるべきを、
7 四面新に囲みて、甍を覆ひて風雨を凌ぐ。
8 しばらく千歳の記念とはなれり。

全員 （前の8行を斉読する）

全員 五月雨の降りのこしてや光堂

第3章

群読をつくる

❶ 群読の演出［1］

◆指導のエッセンス♣

本項と次項では群読の演出について考えてみよう。

群読は演劇とは違って、音声だけで相手に伝える。「目を閉じて聞いても相手に伝わる」ように表現するものであるから、読み手の声以外に、「これがなければならない」といった特別な演出はない。

ただし、作品によっては、その内容をより豊かに表現し、強く印象づけ、さらに効果的に伝えるために、いくつかの演出が必要となる場合もある。

ステージで発表するときには、

・動作はつけるべきだろうか
・衣装や小道具は必要だろうか
・どのように並ぶのがよいか

など、群読を引き立てるために、いろいろな工夫の余地がある。ここではこれらを演出と呼ぶことにする。

なお、ここで取り上げる演出は、詩や物語、古典など、どのジャンルの群読にも応用できるものである。

♥3つのポイント♠

❶隊形

同じパートは近くに集まって読む。これを基本にして、あとは人数やステージの広さに合わせて決める。例えば、主役のソロがステージ中央、ほかの読み手はソロの両サイド、ナレーターや擬音担当者は下手に立つのもひとつの方法である。あるいは合唱のように、階段状の舞台に各パートが固まって並ぶのもよい方法である。

❷衣装・道具

ナレーター役は目立たない黒っぽい洋服を着る。複数で同じ役を担当する場合は、似た色の洋服にする。例えば、おじいさん役は全員が杖を持つなどの工夫もよい。

❸動作

群読は動作をつけないのが原則だが、表現を補ったり、観客の理解を助けるために、多少の動作はあってもよい。ただし、動作はあまりリアリティーを追求せず、単純化、様式化したものにする。様式化とは一定の約束に従って動くことで、例えば「大きなかぶ」という作品では、「うんとこしょ、どっこいしょ」と決まった言葉を読むときは、全員がかぶを引っぱる動作をするというようにである。

72

第3章　群読をつくる

※ わるくちうた――谷川　俊太郎

（読み手）ソロ1、2の2人、または2グループ

わるくちうた　　谷川　俊太郎

1・2　とうさんだなんて　いばるなよ
1　　ふろにはいれば　はだかじゃないか
2　　ちんちんぶらぶら　してるじゃないか
1・2　ひゃくねんたったら　なにしてる？

1・2　かあさんだなんて　いばるなよ
1　　こわいゆめみて　ないたじゃないか
2　　こっそりうらない　たのむじゃないか
1・2　ひゃくねんまえには　どこにいた？

わるくちうた　　谷川　俊太郎

とうさんだなんて　いばるなよ
ふろにはいれば　はだかじゃないか
ちんちんぶらぶら　してるじゃないか
ひゃくねんたったら　なにしてる？

かあさんだなんて　いばるなよ
こわいゆめみて　ないたじゃないか
こっそりうらない　たのむじゃないか
ひゃくねんまえには　どこにいた？

わるくちうた　――谷川　俊太郎

（読み手）ソロ1～3とコーラス
（記　号）＋漸増

全員　　　わるくちうた　谷川俊太郎

全員　　　とうさんだなんて　いばるなよ
ソロ全員　いばるなよ
コーラス　ふろにはいれば
＋コーラス1　はだかじゃないか
＋コーラス2　ちんちんぶらぶら
＋コーラス3　してるじゃないか
　　　　　ひゃくねんたったら
　　　　　なにしてる？

ソロ全員　かあさんだなんて　いばるなよ
コーラス　いばるなよ
＋コーラス1　こわいゆめみて
＋コーラス　ないたじゃないか

＋コーラス2　こっそりうらない
＋コーラス3　たのむじゃないか
　　　　　ひゃくねんまえには
　　　　　どこにいた？

劇的な効果を生む演出を

❷ 群読の演出［2］

◆指導のエッセンス♣

ある中学校の文化祭では、模造紙2枚ほどの風景画をバックにして、その前に並んで群読を発表していた。場面に合わせて背景の絵がつけかえられ、群読を聞きながら物語に引き込まれる感じがした。

こうした演出のほかにも、効果音・BGM・照明はあった方がよいのか。使うとすればどのような方法があるのか。また、発表の際の挨拶や読みはじめの合図は誰が行うのかなど、群読をより効果的に表現するための工夫があってよい。

なお、演出とは異なるが、発表の際には群読脚本を暗記するのかという問題がある。

これは基本的に覚えて読む。普段は脚本を見ながら読んでもよいが、発表会ではなるべく暗記して読む方がよいだろう。ただし、長文で覚えにくいときは、脚本を見ながら読んでもよい。その時は発表者は脚本を持つ手の位置をそろえるようにする。

◆3つのポイント◆

❶指揮者

学年のように大勢で群読をする場合は、やはり指揮者が必要である。合唱や吹奏楽のように合図を送るのであるが、合唱や吹奏楽のように合図を送るのである。群読の指揮者は、全員から見えるように一段高い壇に立ち、「次は君たちの番だよ」と早め、早めに合図を出す。その際の合図は、指揮棒や人差し指で指すよりも、手のひらで「どうぞ」とすくい上げるように示すとやさしく見える。

❷効果音・BGM

風や雷の音、動物の鳴き声など、音がほしいときがある。そんなときは録音資料や口頭でそれらを表現する。

また、ピアノなどの演奏をBGMにして読むのもよい。そのときは歌詞のない楽器演奏だけにする。

❸照明

照明によって場面や感情の変化を表すのもよい。発表者に次々とスポットを当てる。光の色を変えて場面転換を図る。また、光を増減させるなどさまざまな工夫をホリゾントライトだけをつけてシルエットの中で読む。あまりに凝る必要はないが、設備が整っていれば大いに利用して劇的な効果を高めたい。

※ こども ── 山村　暮鳥

（読み手）ソロ１、２の２人

　　　　　　こども　　山村暮鳥

1　おや、こどもの声がする
2　おや、こどもの声がする
3　家のこどもの泣声だよ
　　ほんとに
1　あんまりのどかなので
2　どこか遠い遠い
　　おとぎ話の国からでも
　　伝わってくるようにきこえる
　　いい声だよ、ほんとに

最小限の演出で最大の効果を

　　　こども　　山村　暮鳥

おや、こどもの声がする
家のこどもの泣声だよ
ほんとに
あんまり長閑なので
どこかとほいとほい
お伽噺の国からでも
伝わってくるようにきこえる
いい声だよ、ほんとに

第3章　群読をつくる

※赤いりんご　——山村　暮鳥

（読み手）ソロ1〜3の3人

赤いりんご　　山村暮鳥

1　こどもはいう
2　赤いりんごの夢をみたと
3　いい夢をみたもんだ
1　ほんとにいい
2　いつでも　わすれないがいいよ
3　大人になってしまえば
1　もう二度と
2　そんないい夢は見られないんだ
3

赤い林檎　　山村　暮鳥

こどもはいう
赤い林檎のゆめをみたと
いいゆめをみたもんだな
ほんとにいい
いつまでも
わすれないがいいよ
大人になってしまえば
もう二度と
そんないい夢は見られないんだ

77

③ 評価のセオリー

◆指導のエッセンス♣

グループで群読を発表させることがある。同じ脚本でもグループごとに創意や工夫が見られ、仲間の意外な表現力を知ることもある。それをどう評価すればよいだろうか。

評価とはよい点をほめ、悪い点を指摘して次の改善を促すことである。まず、誰が評価すべきだろうか。

1 教師が評価する、2 子どもたちが評価する、3 子どもたちと教師で評価する、4 評価しない、などが考えられる。理想は3。なるべく4は避ける。

ついで、いつ評価するのか。

1 ひとつのグループが発表した後すぐに評価する。2 発表がすべて終了した後、一括して評価する。3 後日評価する。この3場面が考えられる。

この中で、全校発表会のように大がかりな場合は3だろう。学級発表会では時間内に終わるように1か2がよい。少人数学級であれば2の一括評価でもよいが、通常は1がよい。子どもたちに評価をどう教えるかを考えたい。

♥3つのポイント♠

❶あらかじめ観点を設定しておく場合

事前にグループで協力していたか、教材の読み取りはよいか、分担は適切か、表現は工夫されていたか、感動を与えたか、などの評価の観点を教えておき、それにそって発表させる。これは普段から群読に慣れた学級に適している。

❷観点を教えながら評価する場合

最初は、観点を教えながら評価させる方がよい。発表グループに対して、気づいたこと、よかったことともっとよくなると思うこと、などを発表させる。

❸どういう仕組みにするか

子どもに評価させるとき、次のような方法がある。

a 全員で作文やカードに感想を書く
b 司会者が挙手した子を指名して発表させる
c 評価員をきめておいて評価する審査員方式
d 全員が順番に評価する

学級ではabdがいい。ただし、aは集約がその時間内に終わらないので、簡単な発表会ならbかdがよい。しかしbは一部の子どもの発言が多くなる。どの子にも批評の力を育てるには、dが適当である。

犬の気持ち――さくら・なよみ

（読み手）ソロ1〜6の6人とコーラス

全員　犬の気持ち　さくら・なよみ

1 2 3　犬はしっぽで伝えてる
4 5 6　犬の気持ちを伝えてる

コーラス1　ふわっ　ふわっ　ふわっ
コーラス2　ああ　おなかすいた
コーラス3　つんつん　つんつん
コーラス4　ねえ、さんぽに行こうよ
コーラス5　ぷるぷる　ぷるん
1〜6　あっ。だれかきた
コーラス　ぱっぴっぴょん
1〜6　あはははは
コーラス　くるくる　くるりん

1〜6　だーいすき
コーラス4　びゅん　びゅん　びゅーん
コーラス5　あそぼうよ
コーラス6　ぶんぶん　ぶん
　　　　もう！　おこったぞ
コーラス　ゆらりん　ゆらりん　ゆらゆらりん
　　　　ねむーくなってきた

1 2 3　しっぽの言葉がわかったら
4 5 6　わたしは犬とお話しできる
全員　どんなにうれしいことだろう

全員で評価する工夫を

❹ 全員が評価に参加する

◆指導のエッセンス♣

発表のたびに全員から感想を求めてもなかなか意見が出ない。発言も一部の者だけになりやすい。そこで全員を評価に参加させるために、グループで分担して批評する仕組みをつくる。次の発表を例にして考えてみよう。

○○小学校5年生群読発表大会

1　雨　　　　　④
2　ほたるこい　⑤
3　大阿蘇　　　①
4　夢　　　　　②
5　かえるのぴょん　③

（丸数字は実際には赤い字）

このように黒板に書く。発表後、丸数字のグループがすぐに批評する。1「雨」の批評は4の「夢」グループが、2の批評は5というように。こうしてまずは批評グループを決め、全員が評価に参加できるようにする。発表会中、一回だけ集中して聞けばよく、ほかはリラックスして聞けるようにするためでもある。

♥3つのポイント♠

①よいところを3つほめる

批評は3つほめるように伝える。3つとしたのは「知徳体」の3領域で教育するからである。

②教師は評価を評価する

最初の感想が3つ以上出たら批評グループに二重丸をつけ、「感想が多いほどすぐれている」という観点を教える。内容面では、「大きな声だった」に対し教師は「読みの基本に気づいた」（技量＝体育面）。「失敗をカバーした」には「協力的だった」（態度＝徳育面）。「強弱をつけて読み分けた」の評価には、教師は「文意を理解していることを見抜いた」（理解＝知育面）のように評価する。

③「もう一度聞きたい」を2つ選ぶ

全発表後、アンコールをグループで2つ選ばせる。2つとは自分たちも選ばせるためである。「最優秀を選ぶ」は優劣決めとはニュアンスが違い、選にもれても傷つくことは少ない。最多の票を得たグループの再演からよかった点を学び、次に生かすようになる。その後、子どもたちが見過ごした点や、各グループや個人のすぐれた点を教師がほめて終わる。

※ひとつのことば —— 北原 白秋

（読み手）ソロ1〜6、または6グループ

全員　ひとつのことば　北原白秋

全員　ひとつの言葉で
　　　なかなおり
1　ひとつの言葉で
　　けんかして
全員　ひとつの言葉で
　　　心が痛む
3　ひとつの言葉で
　　頭が下がり
全員　ひとつの言葉で
4　ひとつの言葉で
　　楽しく笑い
5
6　ひとつの言葉で

ひとつのことば
　　　　　北原　白秋

ひとつのことばで けんかして
ひとつのことばで なかなおり
ひとつのことばで 頭が下がり
ひとつのことばで 心が痛む
ひとつのことばで 楽しく笑い
ひとつのことばで 泣かされる
ひとつのことばは それぞれに
ひとつの心を持っている

全員	泣かされる
1 2 3	ひとつの言葉は それぞれに
4 5 6	ひとつの心を持っている
1 2 3	きれいな言葉は
全員	きれいな心
4 5 6	やさしい言葉は
全員	やさしい心
1 2 3	ひとつの言葉を 大切に
4 5 6	ひとつの言葉を 美しく

きれいなことばは きれいな心
やさしいことばは やさしい心
ひとつのことばを 大切に
ひとつのことばを 美しく

教師は「子どもの評価」を評価

❺ 群読大会の開き方

◆指導のエッセンス♣

近年は群読(音読)をメインにした集会や発表会を開く学校が増えてきた。

そのような行事を開くときはどう進めればよいだろうか。

本項では家本芳郎先生の実践を紹介する。

学年群読大会(中1)の実施原案の概略である。

この実施原案には、目的や方針のとらえ方、必要な係、評価の観点、プログラムの構成などが丁寧に書かれている。

文化行事をどうつくるか、子どもの自主性をどう育てるか、こうしたことを考える上で、示唆に富んだ原案だといえるだろう。

群読はこれからの文化行事の主流となりうる活動である。

子どもたちは声を出すことはけっして嫌いではないのだから、群読に慣れ、脚本に恵まれれば、意欲的に取り組むはずである。

本原案を参考にして、各学級・学年・学校で群読集会、群読大会を開いてみたいものだ。

楽しい群読大会(実施原案)

1年学年生徒会＋学年文化委員会

1 目的

3年生を励ます会で1年生の出しものとして合唱と群読を発表します。合唱はこれまでに学年活動として取り組んできましたが、群読は新しい活動なので、学年として一生懸命練習して、3年生を感動させる群読を発表したいと思います。国語の授業で学習したことをもとに、私たちの新しい文化として育てていきましょう。

2 10月25日　午後1時より3時まで

3 方針

①群読の題材は学年課題詩と学級で選んだ自由題材

②学年の課題詩は「自分は太陽の子である」(福士幸次郎)これは励ます会で1年生が発表する励ましの詩です

学級で選ぶ自由題材は五分以内で読める文章とします

③評価の観点は、
 a 詩の読解はどうか
 b 分読の分担は適切か

a 文化委員会でやること＝全体の進行
b 学級に応援してほしいこと
c 会場設営の協力・プログラムの印刷と配布
　委員会にやってほしいこと
　放送＝会場の放送・照明・録音
　美化＝会場の清掃
d 有志にやってほしいこと＝写真撮影
e 先生にやってほしいこと＝群読指導・父母への案内
②右のb・dを希望する学級・個人は、学級文化委員に申し込んで下さい

6 日程
　各学級が選択した自由題材は次の作品
1組　詩　　梁塵秘抄より
2組　詩　　にんげんをかえせ（峠三吉）
3組　遊戯唄　しりとり
4組　遊戯唄　昔歌「あんぶくたった／花いちもんめ」
5組　古典　源平盛衰記より「衣笠の合戦」
6組　詩　　あめ（山田今次）
7組　童話　花咲き山（斎藤隆介）
8組　詩　　雨にも負けず（宮沢賢治）

c 表現はよく工夫されていたか
d 感動を与えたか
e 協力してとりくんでいるか
f 発表態度はよかったか
④審査はフリーの先生と文化委員
⑤表彰
　団体賞＝総合賞1〜3位・課題詩賞1〜3位
　　　　　自由題材賞1〜3位、演出賞、交流賞
　個人賞＝指揮者賞・ソロ賞・伴奏賞・美術賞
⑥発表の順序は文化委員会で決めます

4 当日の次第
①開会セレモニー
a 挨拶　学年文化委員長　b 審査委員の紹介
c 先生のことば　d 学年群読「祭りだ、わっしょい」
②発表
③閉会セレモニー
a 先生の発表　b 審査発表　c 感想発表　生徒・父母
d 合唱「一粒の種」　e 閉会のことば

5 大会の係
①次の係をおきます

第3章　群読をつくる

※自分は太陽の子である　――福士　幸次郎

（読み手）学年1組、2組、3組の3クラス　ソロ1、2は1組、3、4は2組、5、6は3組から選出

全員　　自分は太陽の子である　　福士幸次郎

ソロ1　　自分は太陽の子である
全員　　いまだ燃えるだけ燃えたことのない太陽の子である
ソロ2　　いま口火をつけられている
ソロ3　　そろそろ煤ぶりかけている
ソロ4　　ああ　この煙がほのおになる
ソロ5　　自分はまっぴるまのあかるい幻想にせめられて止まないのだ
1組全員　明るい　白光の原っぱである
2組全員　光みちた都会のまんなかである
3組全員　嶺にはずかしそうに純白な雪が輝く山脈である
ソロ6　　自分はこの幻想にせめられて、いま煤ぶりつつあるのだ

群読大会を開こう

ソロ1	ああ　光ある世界よ
1組全員	光ある世界よ
ソロ3	光ある空中よ
2組全員	光ある空中よ
ソロ5	ああ　光ある人間よ
3組全員	光ある人間よ
ソロ2	総身眼(そうしんめ)のごとき人よ
1組全員	総身眼のごとき人よ
ソロ4	総身象牙彫(ぞうげぼり)のごとき人よ
2組全員	総身象牙彫のごとき人よ
ソロ6	怜悧(れいり)で健康で力あふるる人よ
3組全員	怜悧で健康で力あふるる人よ
ソロ123	自分は暗い　みずぼったい　じめじめした所から産声(うぶごえ)をあげた
ソロ456	けれども自分は太陽の子である
1組	燃えることを憧(あこが)れてやまない太陽の子である
＋2組	太陽の子である
＋3組	太陽の子である

自分は太陽の子である

福士 幸次郎

自分は太陽の子である
未だ燃えるだけ燃えたことのない太陽の子である

いま口火をつけられている
そろそろ煤ぶりかけている
ああこの煙が焔になる
自分はまっぴるまのあかるい幻想にせめられて止まないのだ

明るい白光の原っぱである
ひかり充ちた都会のまんなかである
嶺にはづかしそうに純白な雪が輝く山脈である
自分はこの幻想にせめられて
いま煤ぶりつつあるのだ

ああひかりある世界よ
光ある空中よ

ああひかりある人間よ
総身象牙彫のごとき人よ
怜悧で健康で力あふるる人よ

自分は暗いみずぼったいじめじめした所から産声をあげた
けれども自分は太陽の子である
燃えることを憧れてやまない太陽の子である

第4章

いろいろな群読

❶ 物語の群読

◆指導のエッセンス♣

物語には登場人物（動物など）の台詞と地の文があるので、役ごとにそれぞれ読み手を決める。これを「役割読み」という。地の文はナレーターが読む。朗読とはひと味違った、劇的な表現になる。役割読みをすることで次のように読むことになる。

（例文）愛が「今？」と聞くと、恵は「後で」と答えた。

この例文は次のように読むことになる。

（脚本1）
ナレーター　愛が
愛　　　　「今？」
ナレーター　と聞くと、
恵　　　　「後で」
ナレーター　と答えた。

（脚本2）
ナレーター　愛が
愛　　　　「今？」
恵　　　　「後で」
ナレーター　愛が「今？」と聞くと、恵は「後で」と答えた。

ナレーターの声がわずらわしく聞こえるときは、次のように役の人が地の文をいっしょに読んでもよい。

物語は学習発表会や文化祭に適した題材のひとつである。

♥3つのポイント♠

❶ ひとりが複数の役を読まない

役割読みではひとり一役にする。ひとりがいろいろな役を担当すると、聞き手が混乱するからだ。

❷ 役割読みの例外

役の数より読み手希望者の数が多いときは、同じ役の文章の中で、読む分量と人数から、都合のよいところで読み手を交替する。ただし、区切る単位は一文とし、頻繁に入れ替わらないようにする。

❸ 複数でひとつの役を読む場合

ひとつの役を複数で順番に読む場合は、交替は役ごとにばらばらでよい。舞台上で各読み手の足元に、役名を書いた小看板（段ボールでつくる）を、観客に見えるように置く。

○●・・・○◎　小看板　→　観客

小看板の後ろに縦一列に並ぶ。観客からは役ごとに先頭だけが見える。役名は一目でわかる。先頭の●は読み終えたら静かに縦列の最後尾に移動。次は2番目の◎の番になる。

その際に、役ごとに似た色の洋服を着る、杖を持つなど扮装の一部をそろえるとよい。

90

第4章　いろいろな群読

※ 赤いろうそく —— 新美 南吉

（読み手）ソロ（さる・しか・いのしし・うさぎ・かめ・いたち・たぬき・きつね）の8人と、ナレーター1、2の2人

（記　号）§乱れ読み　＋漸増　○点丸交換

全員　　　赤いろうそく　　新美南吉

ナレーター1　山から里の方へ遊びにいったさるが一本の赤いろうそくをひろいました。くさんあるものではありません。それで猿は赤いろうそくを大事に山へ持って帰りました。山では大へんなさわぎになりました。何しろ花火などというものは、

ナレーター2　しかにしても
しか　　　　しかにしても
いのしし　　いのししにしても
うさぎ　　　うさぎにしても、
かめ　　　　かめにしても、
いたち　　　いたちにしても、
たぬき　　　たぬきにしても、
きつね　　　きつねにしても、
さる以外　　まだ一度も見たことがありません。

ナレーター2　その花火をさるがひろって来たというのであります。

役割読みで劇的な群読に

さる以外　§「ほう、すばらしい」「これは、すてきなものだ」
＋しか　しかや
＋いのしし　いのししや
＋うさぎ　うさぎや
＋かめ　かめや
＋いたち　いたちや
＋たぬき　たぬきや
＋きつね　きつねや
さる　きつねがおしあいへしあいして赤いろうそくをのぞきました。
ナレーター2　するとさるが、「あぶないあぶない。そんなに近よってはいけない。ばくはつするから」といいました。
さる　みんなは驚いてしりごみしました。
さる以外　そこでさるは花火というものが、どんなに大きな音をしてとびだすか、そしてどんなに美しく空にひろがるか、みんなに話して聞かせました。
さる　そんなに美しいものなら見たいものだとみんなは思いました。
さる以外　「それなら、こんばん、山のてっぺんに行ってあそこで打上げて見よう」と、さるがいいました。
さる　みんなは大へん喜びました。夜の空に星をふりまくように、ぱあっとひろがる花火をめに浮かべてみんなはうっとりしました。
ナレーター2　さて夜になりました。
さる以外　みんなは胸をおどらせて山のてっぺんに行きました。
さる　さるはもう赤いろうそくを木の枝にくくりつけて、みんなの来るのを待っていました。

92

第4章　いろいろな群読

ナレーター2　いよいよこれから花火を打上げることにになりました〔　〕しかし〔。〕
ナレーター1・2　困ったことができました。
ナレーター2　と申しますのは、誰も花火に火をつけようとしなかったからです。みんな花火を見ることは好きでしたが火をつけにいくことは、好きでなかったのであります。
ナレーター1・2　これでは花火はあがりません。
ナレーター2　そこでくじをひいて、火をつけに行くものを決めることになりました。第一にあたったものはかめでありました。
　　かめ　　かめは元気を出して花火の方へ行きました。だがうまく火をつけることができたでしょうか。いえ、いえ。かめは花火のそばまで来ると首が自然にひっこんでしまって出て来ないのであります。
ナレーター2　そこでくじがまたひかれて、こんどはいたちが行くことになりました。
　　いたち　いたちはかめよりはいくぶんましでした。というのは首をひっこめてしまわなかったからであります。しかしいたちはひどいきんがんでありました。だからろうそくのまわりをきょろきょろとうろついているばかりでありました。とうといのししがとびだしました。
　　いのしし　ししはほんとうに行って火をつけてしまいました。
ナレーター1・2　みんなはびっくりして草むらにとびこみ耳を固くふさぎました。耳ばかりでなく眼もふさいでしまいました。
ナレーター2　しかし、ろうそくはぽんともいわずに静かに燃えているばかりでした。

93

② 古典の群読　俳句

◆指導のエッセンス◆

古典には、声に出すことで言葉の流れや響きの美しさが引き立ち、描かれた情景や心情が生き生きと感じられる作品が多い。元来、口承文学として、長い歴史の中で語り継がれてきた背景があるからだろう。とくに俳句や和歌、漢詩には、朗唱するとさらに理解が深まるものが多い。

朗読とは、朗読を一歩進め、やや大げさに抑揚や緩急をつけて声高らかに吟じるように読むことである。「気どり読み」ともいう。こうした読み方で群読にチャレンジしてみたい。

ただし、子どもたちと朗唱する場合は、読みの巧拙にこだわらず、自分なりの気どり読みをめざせばよい。

本項では俳句の群読について考える。

俳句の群読は、一般的に最初に作者名を斉読し、次に群読に入る。

ここに紹介するように、俳句から受ける印象や感慨を自由な発想で脚本化する。なお、群読化しにくい作品は、無理なくそのままひとりで読めばよい。

♥3つのポイント◆

① 作例①　それぞれの句が対等な関係の場合

山口素堂の「目には青葉山ほととぎす初鰹」は、上中下の句が対等な関係だから、そのまま分読できる。

1　目には青葉
2　山ほととぎす
3　初鰹

② 作例②　句が対になっている場合

与謝蕪村の「菜の花や月は東に日は西に」は、中と下の句が対になるのでここで分読する。3人が横に並ぶと、後半の2句が月と太陽の位置関係のように両端から聞こえる。

1　菜の花や
　　2　月は東に
　3　日は西に

③ 作例③　動きのある句

小林一茶の「雪とけて村いっぱいの子どもかな」は、子どもが次々に出てくる様子を、漸増で表現した。

　1　雪とけて
　+2　村いっぱいの
　+3　子どもかな

94

※俳句より

夕風や白ばらの花みな動く
正岡子規

1　夕風や白ばらの花みな動く
2　白ばらの花みな動く
3　白ばらの花みな動く

1　夕風や
2　白ばらの花みな動く
3　白ばらの花みな動く

＋3　白ばらの花みな動く
＋2　白ばらの花みな動く
＋1　夕風や

1　2　3

街道を　キチキチととぶばったかな
村上鬼城

1　街道を
2　街道を　キチキチととぶばったかな
3

1　キチキチととぶばったかな
2
3　キチキチととぶばったかな

（読み手）1～3の3グループ
（記　号）＋漸増　－漸減　┃追いかけ

閑かさや岩にしみいる蝉の声
松尾芭蕉

1　閑かさや岩にしみいる蝉の声
2
3

1　閑かさや
2　岩にしみいる蝉の声
3　岩にしみいる蝉の声

－1　岩にしみいる蝉の声
－2　岩にしみいる蝉の声

印象や感慨を自由に脚本に

③ 古典の群読　軍記物

◆指導のエッセンス♣

本項では最も親しまれている軍記物のひとつである「平家物語」を群読にしてみよう。群読の出発点である音読では、次の2点を心がける。

ひとつは明瞭に読むことである。

一語一語、品をつくってはっきりと読む。とくに、固有名詞・数詞は正しく読む。例えば「平家」は「へーけ」ではなく、「へいけ」というように読む。

ふたつは、文が持つ特有のリズムをくずさずに読みすすめることである。

この2点をふまえて、前項でふれた「気どり読み」を基本にして読むが、さらに、激しい戦闘の場面を表現するために、「高出し」「修羅場読み」など、古典特有の技法を使う。

なお、音読の技法ではないが、複数のナレーターで読む場合は、語り手の声の質をほぼ同じにすると流れがよく聞こえる。この点も押さえておきたい。

♥3つのポイント♠

① いろいろな強調の技法

a　高出し

大きく強い声で読み始める技法で、聞き手は突然の大声に驚き、より集中して聞くようになる。題名から高出しで読み、一気に平家物語の世界へ引き込む。

b　修羅場読み

修羅場とは戦闘場面のことで、脚本中の太字部分である。

c　異文平行読み

異なる語句を同時に読むので騒々しい感じになるが、激しい戦闘場面を表すのに適した読み方である。

② 係り結び

「ぞ」「こそ」などの係り助詞とそれを受ける「けり」などの用言や助動詞との対応関係で、通常より強く読む。

③ 視聴覚的な演出も効果的

波の音やほらがいの音などを録音物や口頭で入れる。琵琶の曲をBGMにする。さらに視覚的な演出として源平の旗印である「白」「赤」で読み手の衣装の一部を揃える、源平の背後に「白旗」「赤旗」を掲げるなどである。

第4章　いろいろな群読

※平家物語　巻の十一より
壇の浦の合戦

(読み手) ナレーター1～4の4名
　　　　その他は源氏と平家で各A～Cの3パート
(記　号) ──高出し　＋漸増　□点丸交換
　　　　異文平行読み　太字は修羅場読み

ナレーター全員	平家物語　巻の十一より　壇の浦の合戦（高出し）
全員	壇の浦の合戦
	（ほら貝の音）
ナレーター1	時こそ来れ、元暦二年春三月、
＋ナレーター2	門司
＋ナレーター3	赤間
＋ナレーター4	壇の浦に、
源氏方	源氏の船は三千余艘
平家方	平家の船は千余艘
平家方	平家、千余艘を三手につくる。五百余艘で戦陣に漕ぎ向かい勢兵ども五百人をすぐって、船々の艫と舳に立て、肩を一面に並べて五百の矢を一度に放つ。
源氏方	源氏、三千余艘の船ならば、勢の数、さこそ多かりけども、ところどころより射ければ、いずくに勢兵ありとも覚えず。平家、味方勝ちぬとて、しきりに攻め、鼓打って、喜びの、ときの声をぞ作りける。

軍記物の最高峰「平家物語」を楽しもう

源氏方・平家方	二十四日の卯の刻に源平矢合せとぞ定めける［、］すでに［。］源平双方陣を合せてとき
ナレーター１２	上は梵天までも聞こえ、
＋ナレーター３４	下は竜神も
全員	驚くらんとぞ覚えける。

（ほら貝の音）

ナレーター全員	そののち、源平互いに命を惜しまず、おめき叫んで攻め戦う。
源氏Ａ	さしつめ引きつめ、
＋平家Ａ	さしつめ引きつめ、
源氏Ａ	駆け出で、
＋平家Ａ	駆け出で、駆け出で
源氏Ｂ	追いつ追われつ、
＋平家Ｂ	追いつ追われつ、
源氏Ｂ	進み退き、
＋平家Ｂ	進み退き、
源氏Ｃ	組んず組まれつ、
＋平家Ｃ	組んず組まれつ、
源氏Ｃ	討ちつ討たれつ、
＋平家Ｃ	討ちつ討たれつ、

（ほら貝の音続ける）

源氏Ａ	さしつめ引きつめ、（五回くりかえす）
平家Ａ	駆け出で、駆け出で、（五回くりかえす）
源氏Ｂ	追いつ追われつ、（五回くりかえす）
平家Ｂ	進み退き、（五回くりかえす）
源氏Ｃ	組んず組まれつ、（五回くりかえす）
平家Ｃ	討ちつ討たれつ、（五回くりかえす）

第4章　いろいろな群読

ナレーター全員	いずれ劣れりとも見えざりけり。
全員	いずれ劣れりとも見えざりけり。

（ほら貝の音小さくなり消える）

ナレーター1　さるほどに、四国、鎮西の兵どもも、

ナレーター2　みな平家を背いて源氏につく。

ナレーター1・2　今まで従いたりし者どもも、

ナレーター3　君に向かって弓を引き、

ナレーター4　主に対して太刀を抜く。

平家方　かの岸に着かんとすれば

ナレーター全員　浪高くして叶い難し。

平家方　このみぎわに寄らんとすれば、

源氏方　かたき矢先を揃えて待ちかけたり

源氏方　源氏の勢は数を増し、

平家方　平家の勢は落ちぞ行く。

ナレーター全員　源平の国争い、今日を限りとぞ見えたりける。

全員　今日を限りとぞ見えたりける。

❹ 説明文の群読

◆指導のエッセンス♣

説明文の例文として次の文を取り上げてみる。

①日本国憲法には大きな次の三つの原則があります。
②世界に誇ることのできる三原則です。
③一つは国民主権です。
④国の意思を国民が決定できることです。
⑤二つ目は基本的人権の尊重です。
⑥人が生まれながらにして持つ権利のことです。
⑦例えば生存する権利や自由を求める権利などです。
⑧この権利は最大限に尊重される必要があり、侵すことのできない永久の権利として規定されています。
⑨三つ目は平和主義です。
⑩過去の戦争を通してその悲惨さを痛感した日本は、「戦争の放棄」「戦力の不保持」「交戦権の否認」を憲法に定めています。

説明文を群読脚本化するときは、文章の組み立てから判断して分けていく。

♥3つのポイント♠

❶4部構成になっている

この文は①②が序論で、日本国憲法の三原則について概略を述べている。その後、③④、⑤〜⑧、⑨⑩と三原則について説明がある。この組み立てを生かし、A・B・Cの3パートで読むようにした。①②は全員。その後の三原則はそれぞれA、B、Cの読み手がリードする分読とした。

❷強調する文は大勢で読む

冒頭の①②は主張を強調するために全員で読む。「国民主権」「基本的人権の尊重」「平和主義」のキーワードは、もう一度続けて強調した。③④、⑤〜⑧、⑨⑩の3段落はそれぞれA、B、Cがその段落全文を読んでもよかったが、やや長いので一文ずつ分担した。最後に再度、3項目を列挙してまとめた。

❸応用がきく

文章の構成から分読を決める。こうした考え方は児童会（生徒会）スローガンや、「いじめ追放宣言」などをみんなで唱和するときにも応用できる。子どもたちの願いや理想を込めた文章を、学級や学年、そして全校単位で群読してみたいものである。

100

第4章　いろいろな群読

※日本国憲法の三原則

(読み手) A、B、Cの3人、または3グループ
(記　号) ⌐追いかけ

全員　日本国憲法には大きな三つの原則があります。世界に誇ることのできる三原則です。

A　一つは国民主権です。
C⌐国民主権です。
B⌐国の意思を国民が決定できることです。

B　二つ目は基本的人権の尊重です。
A⌐基本的人権の尊重です。
C⌐人が生まれながらにして持つ権利のことです。
B　例えば生存する権利や自由を求める権利などです。
A　この権利は最大限に尊重される必要があり、
B　侵すことのできない永久の権利として規定されています。

分読分担を文の構成から決めよう

三つ目は平和主義です。

C 平和主義
B ┐
A ┘——過去の戦争を通してその悲惨さを痛感した日本は、
C 「交戦権の否認」を
C 「戦力の不保持」
A 「戦争の放棄」
B 憲法に定めています。

全員 平和主義
A 基本的人権主義の尊重
B 国民主権
C

全員 以上の三項目を基本原則として定めています。

❺ 会話文を読む

◆指導のエッセンス♣

会話文には登場人物の言葉のやりとりがある。そうしたふたりの、または複数での応答を実際に話しているように読む。上手に相手との間を取る。相手の言葉に合うような言葉の調子や言いまわしを工夫する。

朗読もよいが、こうして数人で役割を決めて読むことで劇的な表現ができる。

会話文の群読によって子どもたちの表現力を鍛え、コミュニケーションの力を育てていきたい。

落語はそのような交通（ふたりのかけあい）の題材にふさわしく、教科書に取り上げられることも多い。

仲間の読みをみんなで鑑賞して、楽しみながら、会話の際のエッセンスを学んでみたいものである。

学習の一環として、あるいは学級活動の中で、会話文を取り上げて楽しんではどうだろうか。

なお、こうした表現の技法は会話文に限らず、全般に通用するものである。

♥3つのポイント♠

①意連

意連とは文章の流れを絶ち切らずに、感情や感慨をつないで読むことである。そのために、前の人が読むときは小声で一緒に読んで滑らかに受け継ぎやすいように、語尾を伸ばすなどの工夫が必要になる。

②間

句読点が「間」の箇所だが、読点は意味上の区切点で、音読の「間」ではないことがあるので、句読点だけに頼らず、仲間で相談して「間」を決める。

間の取り方や長さは、教材解釈から決まるので「ここで2拍の間をおこう」と決めたら、②と脚本に書き込んでおくようにする。

③強弱

群読は演劇とは違い音声だけの表現なので、強弱はメリハリをつけて読む。ところで、声の大小と強弱について、大＝強、小＝弱とする誤解がある。そんなときは「小・強＝小さい声で速く読む」「大・弱＝大きい声でゆっくり読む」など、緩急をからめて読む練習をするとよい。

※ 落語 **オリンピック**

(読み手) ソロ2人 (大家さん、八っつぁん)

八っつぁん　オリンピックで金メダル。めでたいね。
大家さん　ああ、めでたいね。
八っつぁん　そのてん、銀メダルは惜しかったね。
大家さん　そんなことはない。
八っつぁん　そんなことはない。
大家さん　銀は点をつければ金より良いと書くんだよ。
八っつぁん　さすが大家さん。物知りだね。
大家さん　でも銅メダルは本当に残念だね。
八っつぁん　そんなことはない。銅は金と同じと書くんだよ。
大家さん　なるほど、うまいこと言うね。
八っつぁん　では何もとれなかった人はくやしいよね。
大家さん　そんなことはない。メダルを取れなかったら、金を失うと書いて鉄。鉄も立派な金属。金メダルの仲間だよ。
八っつぁん　でも、大家さん、鉄は錆びますよ。
大家さん　錆びるからいいのさ。参加（酸化）することに意義がある。

会話のキャッチボールを楽しもう

第4章 いろいろな群読

※ 落語 どろぼう

（読み手） ソロ2人（大家さん、八っつぁん）

大家さん　おっ。八っつぁん。今日もトレーニングかい？
八っつぁん　さすが、町内一足のはやい人は練習も欠かさないんだねえ。
大家さん　やあ、大家さん。今日はゆっくり話してる暇はないんですよ。
八っつぁん　おいおい、そんなに急いでどこに行くんだい？
大家さん　なに、今、にげたどろぼうを追っかけているところです。
八っつぁん　へえ。だけど、八っつぁんは町内でいちばん足がはやいじゃないか。どろぼうはどっちに逃げたんだ？
大家さん　はい。どろぼうはあとから来ております。

❻ 地縁教材を群読に

◆指導のエッセンス♣

栃木県大田原市の研修会で、大田原の歴史や風景、著名な出身人物などを取り入れたオリジナルの構成詩を群読したことがある。楽しい群読だった。こうした発想に学んで自分の地域をPRする詩文をつくってみてはどうだろう。

さて、地域には語り継がれてきた子守歌や遊び歌、あるいは、その地域のお国言葉で書かれた昔話などがある。地域に縁のある、そうした作品を題材として取り上げ、群読にして読んでみたい。きっと、地域への理解が深まり、地元への愛着を育てることになるだろう。

本項では徳島県の阿波踊りをテーマにした群読を取り上げる。「エライヤッチャ、エライヤッチャ、ヨイヨイヨイヨイ」と、景気のよい言葉にのってみんなで踊る有名な地域行事である。

この脚本は、「ヤットサーヤットサー」「それぞれそれぞれ」などのかけ声を背景音として、軽快に読みすすめるために、3部の表形式の分読にしている。

♥3つのポイント♠

❶表形式は各段同じリズムで読む

表形式の脚本は、各段とも右から左へ1行ずつ同時に読む。どの行も同じリズム（長さ）で読む。空欄は読まない、これを「空振りを置く」という。これが基本である。

❷弱起で読む

弱起という読み方がある。本項の脚本の＊の部分は、普通に読むと、拍数に対して言葉が不足するため、「二かけ」は「にーかけ」、「五かけ」は「ごーかけ」と間延びした読みになってしまう。そこでほんのわずかに遅れて読みはじめる。「（ん）にかけ」「（ん）ごかけ」と、心の中で（ん）とためて読みはじめるようにする。

❸意味を教えたらその言葉で教える

体育の時間に係の子が「回れ右」「2列横隊」と号令をかけ、その言葉にしたがって全員さっと動く——、こんな場面を見ることがある。いちいち「右回りで後ろに向きを変えてください」「横長に2列に整列」などと具体的な言い方はしない。群読においても同様に、言葉の定義を教えた後は「空振りを置きなさい」「そこは弱起！」と、その言葉で教えていく。教育は概念で教えるということである。

第4章　いろいろな群読

※楽しい阿波踊り

（読み手）　1〜3の3グループ
（記　号）　＊弱起

	1	2	3
	一かけ＊二かけ　三かけて	ヤットサーヤットサー	ヤットサーヤットサー　ヤットサーヤットサー
	しかけた踊りは　やめられぬ	ヤットサーヤットサー	ヤットサーヤットサー
	＊五かけ六かけ　七かけて	それ、やめられぬ	ヤットサーヤットサー
	やっぱり踊りは　やめられぬ	それ、やめられぬ	ヤットサーヤットサー

107

エライヤッチャエライヤッチャ
阿波踊り　それ！
みんなで踊ろう

けんかはおしまい
女も男も
それそれそれそれ
エライヤッチャエライヤッチャ

ヨイヨイヨイヨイ
阿波踊り　それ！
みんなで踊ろう
ヤットサーヤットサー
エライヤッチャエライヤッチャ
楽しく　歌おう
ヤットサーヤットサー
それそれそれそれ
ヤットサーヤットサー

ヨイヨイヨイヨイ
阿波踊り　それ！
みんなで踊ろう
ヤットサーヤットサ
ヨイヨイヨイヨイ
ヤットサーヤットサー
笑顔で踊ろう
それそれそれそれ
ヨイヨイヨイヨイ

第4章　いろいろな群読

朝まで踊ろう
阿波踊り　それ！
エライヤッチャエライヤッチャ
ヤットサーヤットサー
ソレソレソレソレ
エライヤッチャエライヤッチャ
ヤットサーヤットサー
ソレソレソレソレ
ヤットサーヤットサー
ヤットサーヤットサー

朝まで踊ろう
阿波踊り　それ！
ソレソレソレソレ
ヤットサーヤットサー
エライヤッチャエライヤッチャ
ソレソレソレソレ
ヤットサーヤットサー
エライヤッチャエライヤッチャ
ヤットサーヤットサー
ヤットサーヤットサー

朝まで踊ろう
阿波踊り　それ！
ヤットサーヤットサー
ソレソレソレソレ
ヤットサーヤットサー
エライヤッチャエライヤッチャ
ソレソレソレソレ
エライヤッチャエライヤッチャ
ヤットサーヤットサー
ヤットサーヤットサー

（数回続けて小さく消えていく）

群読で地域への愛着を育もう

❼ 仲間を知る群読

◆指導のエッセンス◆

群読を通して子どもたち同士がお互いを知り、仲間理解を深めることもある。

以前、ある小学校で「将来の夢は？」と聞き、子どもたちの声を群読にしたことがある。

先生　将来は何をしているかな？
1　ゲームのソフトをつくっています。
2　サッカー選手になって活躍しています。
3　保育士になって子どもの世話をしています。
4　公務員になっていると思います。
5　まだ決めていません。
6　パティシエになってケーキをつくっています。
先生　みんな夢に向かってがんばろう！
全員　がんばろう
1+2+3+4+5+6

♥3つのポイント♠

❶多様なテーマで子どもの声を引き出す

「今年の目標」「クラスからなくしたいこと」「家族に一言」などのテーマで意見を聞き、それを群読にする。

❷子どもの声をつないで脚本化する

「今日は学級から帰ったら何する？」と尋ね、出てきた言葉をつないで次のように脚本をつくった例がある。福島県の古関勝則先生の実践である。

先生　きょうはうちへ帰ったら、なにするの？
1　和夫君と遊びます
2　スイミングにいってがんばります
3　家族で回転寿司を食べにいきます
4　テレビを見ます
5　お母さんと一緒に夕ご飯を作ります
6　疲れたので早く寝ます
7　あのう……暇な人、ぼくと遊んでください
全員　はーい、遊びまーす

❸班をつくって発表させる

人数が多い学級では班をつくって、お互いに聞き合うようにするとよいだろう。

第4章　いろいろな群読

※ちくちく言葉(ことば)とふわふわ言葉

（読み手）　1〜6の6グループ
（記　号）　＋漸増

全員　ちくちく言葉とふわふわ言葉
123　人からいわれて傷つく言葉
　　　ちくちく言葉があるようだ
456　言っていないか、
全員　言われてないか。
123　人からいわれてうれしい言葉
　　　ふわふわ言葉があるようだ
456　言っていないか、
全員　言われてないか。

＋1　ごめんね
＋2　おはよう
＋3　すごーい
＋4　どうしたの？
＋5　友だちだよ
＋6　ありがとう

123　人からいわれてどう感じるか
　　　ちくちく言葉とふわふわ言葉
456　言っていないか、
全員　言われてないか。

仲間の気持ちを知る群読を

❽ 群読遊び

◆指導のエッセンス♣

集会時、体育館に全員に集合したのに、他学年がまだ来ない。帰りの会や学活で活動内容がすべて終わったが、少し時間が余った。

こんなすき間時間にお薦めの遊びが「豚のしっぽ」という群読遊びである。日本群読教育の会前会長の家本芳郎先生に教わった遊びである。

本項脚本で1はソロ。「豚の先生」で教師が受け持つ。2は子どもたち。はじめに数行の決まり文句を読んだ後、教師は即興で質問する。

その問いに、子どもたちはひたすら「豚のしっぽ」以外の答えを言ったり、笑ったものがひとりでもいたりしたら、負け。

教師は「きみたちの負けです」と宣言して終わる。逆に最後まで間違えもせず、笑うこともなければ「合格です」の言葉で終わる。しらければしらけるほど勝てるという、おもしろい遊びでもある。

♥3つのポイント♠

❶決まり文句はすぐ提示する

決まり文句はすぐにみんなで読めるように、模造紙に書き、提示できるようにしておく。

❷班対抗での遊び方

a A・Bの2チーム対抗にすることもできる。Aが豚の先生、Bが子ども。AとBが向かい合って立つ。

b AがBチームに質問する回数は、20回。Bチームは全員で「豚のしっぽ」と答える。Aチームの質問はひとりずつ順番にする。

c 班対抗のリーグ戦にして、帰りの会で1日1試合ずつとりあげていけば、当分の間、楽しむことができる。

❸作戦の立て方

どんな質問をするか。言葉だけでなく、表情や動作、あるいは物をみせてもよい。誰がどの質問をするか。ゆっくり・早く・まじめな声でなど、どんな尋ね方をするか。ゲーム前に相談させる。

なお、高等戦術としてはターゲットをだれにするか、つまり、相手チームの中でよく笑うのは誰か。その人が笑いそうな質問を考える。こうしたことを話し合う。

第4章　いろいろな群読

※豚のしっぽ（質問例）

（読み手）　1教師　2子どもたち全員

2　（決まり文句）
1　豚の先生
2　豚のしっぽを教えてください
1　教えてあげよう
　　そのかわり、何を聞かれても
　　「豚のしっぽ」と答え、
　　絶対に笑ってはいけません
2　わかりました
1　一人でも笑ったらおしまいです
2　わかりました
1　では、おねがいします
　　（ここまでが決まり文句）
1　では、はじめよう
　　今日はいい天気ですね

すき間時間に群読遊び

1 豚のしっぽ
2 ところで、昨日の宿題はしましたか?
1 豚のしっぽ
2 豚のしっぽしてないの?
1 豚のしっぽ
2 給食のおかずはなんでしたか?
1 豚のしっぽ
2 豚のしっぽはおいしいですか?
1 豚のしっぽ
2 きのうどんなテレビを見ましたか?
1 豚のしっぽ
2 ブーブーいいながら食べたんでしょう
1 豚のしっぽ
2 その顔の鼻の下にあるのはなんですか?
1 豚のしっぽ
2 もう終わりました
1 豚のしっぽ
2 豚のしっぽは終わりです
1 豚のしっぽ
2 終わり豚です

第4章　いろいろな群読

| | | | | | | | | | | | |
|1|2|1|2|1|2|1|2|1|2|1|2|

豚のしっぽ
豚ではなくて牛です
豚のしっぽ
ブー
豚のしっぽ
ブーブー
豚のしっぽ
豚のしっぽ
では、一緒に「豚のしっぽ」
豚のしっぽ
（おかしな顔をして）この顔はなんでしょう
豚のしっぽ
はい、よくできました
誰も笑いませんでした
合格です

❾ 唱歌

◆指導のエッセンス♣

唱歌は「しょうが」と読む。日本伝統音楽の雅楽・能・尺八・箏・琴・三味線・囃子などの楽器の学習に用いられる独特な記譜法である。ただし、ジャンルによって、唱える言葉が違う。

例えば、口三味線で「トチチリチン」は、音階を表す。「ト」が二の音、「チチリチン」は三の音で、ポジションもわかるという。ちょうどギターコードの押さえ方や奏法をメロディーと共に教えるようなものである。

よく知られている祭り囃子で、締太鼓は「テン、テケ、テレツク」、大太鼓は「ド、ドド、ドン」、当り鉦は「チャン、チキ、チャチャ」、休符は「ス、スッ」などと表わす。

実際に読まれるとわかるが、唱歌はまるで歌を歌っているようである。慣れてくると、子どもたちも体を弾ませてリズミカルに読むだろう。唱歌は群読が音楽的であることを実感できるすぐれた教材である。

♥2つのポイント♠

❶なぜ唱歌が使われたか

楽譜や音名が用いられず、唱歌の技法が生み出されたのは、紙が一般に普及していない時代に楽器の奏法を口頭で教えるのに都合がよく、習う方も覚えやすかったからである。楽器がなくても演奏の練習ができるということである。

❷学習教材に取り上げる意義

唱歌は各地の民舞保存運動にも用いられている。次は岩手県水上地域の「鹿踊り口唱歌」の一部である。水上市編・脚色『新版 楽しい群読脚本集』より)。

ザンズク　ザンズク　ザンズクザッコ
ザンズク　ザンズク　ザンザグスック
ザンズク　ザンズク　ザンザグスック
ザンズクザッコ　ザグズザッコ　ザンコ　ザン

太鼓の調べ
ささらをそろえ　きりりとしめて
ささらをそろえ　きりりとめそろう

これらの言葉とリズムから太鼓の叩き方や踊り方が連想できるだろう。こうした唱歌の楽しさを伝えたい。なお本項の脚本は、「鹿踊り口唱歌」をヒントにしたものである。

第4章　いろいろな群読

※ザンズク　口唱歌(くちしょうが)

(読み手)　1〜3の3グループ
(ノート)　リズムにのって歌うように読む

1
ザンズクザンズク ザンズクドン
ザンズクザンズク ザンズクドン
太鼓の調べだ こちらへおいで
ささらをそろえて 踊ろうよ
みんなでいっしょに口唱歌
ザンズクザンズク ザンズクドン

2
ザンズクザンズク ザンズクドン
ザンズクザンズク ザンズクドン
ザンズクドンドン ザンズクドン
ザンズクザッコ ドロドロドン
ザンズクスック ザンザンザン
みんなでいっしょに口唱歌
ザンズクドンドン ザンズクドン

3
ザンズクザンズク ザンズクドン
ドーン ドーン ドーン
ザンズクドンドン ザンズクドン
ドーン ドーン ドドドン
ザンズクザッコ ドロドロドン
スコトンスコトン デレツケデン
ザンズクスック ザンザンザン
みんなでいっしょに口唱歌
ザンズクザッコ ドロドロドン

ザンズクザンズク ザンズクドン
ザンズクザンズク ザンズクドン
ザンズクドンドン ザンズクドン
ザンズクザンズク ザンズクドン
スコトンスコトン デレツケデン
テンテンテレツク テレツクテン
ザンズクスック ザンズクドン
ピー ピー ピー ピー
テンテンテレツク テレツクテン
スコトンスコトン デレツケデン
ピー ピー ピー ピー
ドーン ドーン ドーン
ザンズクスック ザンズクドン
ザンズクザッコ ドロドロドン
ザンズクドンドン ザンズクドン
楽しく歌おう 口唱歌
口唱歌！

ザンズクドンドン ザンズクドン
ザンズクザッコ ドロドロドン
ザンズクザッコ ドロドロドン
ザンズクドンドン ザンズクドン
テンテンテレツク テレツクテン
スコトンスコトン デレツケデン
ザンズクスック ザンズクドン
ピー ピー ピー ピー
テンテンテレツク テレツクテン
スコトンスコトン デレツケデン
ピー ピー ピー ピー
ザンズクスック ザンズクドン
ザンズクドンドン ザンズクドン
ドーン ドーン ドーン
ザンズクザッコ ドロドロドン
楽しく歌おう 口唱歌
口唱歌！

ザンズクザッコ ドロドロドン
ザンズクザッコ ドロドロドン
ザンズクドンドン ザンズクドン
テンテンテレツク テレツクテン
ピー ピー ピー ピー
ザンズクスック ザンズクドン
スコトンスコトン デレツケデン
テンテンテレツク テレツクテン
ピー ピー ピー ピー
ザンズクスック ザンズクドン
スコトンスコトン デレツケデン
ピー ピー ピー ピー
ザンズクザッコ ドロドロドン
ザンズクドンドン ザンズクドン
ドーン ドーン ドーン
ザンズクスック ザンズクドン
ピー ピー ピー ピー
楽しく歌おう 口唱歌
口唱歌！

⑩ 現代の課題を取り上げる

◆指導のエッセンス◆

その時代の社会的な関心事について学級や学年で群読し、世界を学ぶ視点を広げるきっかけをつくりたいものだ。

「日本国憲法」「子どもの権利条約」「平和宣言」など、子どもの発達段階に合わせて取り上げてみたい。

本項では2014年ノーベル平和賞を史上最年少で受賞したマララ・ユスフザイさんのスピーチを題材にする。

① 親愛なるみなさん、今こそ声に出して言う時です。
② 私たちは求めます。
③ すべての子どもたちへの無料の義務教育を。
④ 残虐行為や危害から子どもたちを守ることを。
⑤ すべての地域社会にからあらゆる偏見をなくすことを。
⑥ 世界中の女性たちが勇敢になることを。
⑦ 自分たちの言葉の力を、強さを信じましょう。
⑧ 私たちの言葉は世界を変えられるのです。

群読脚本化した流れをまとめた。

（マララさんのスピーチ日本語訳より）

♥3つのポイント◆

❶ 文の構成を見る

この文は①と②で宣言した後、③〜⑥に訴えが列挙され、⑦⑧がまとめとなっている。そこで、②〜⑥の主たる読み手をそれぞれ決めた。

❷ 強調する文は大勢で読む

冒頭の①は、はっきりと伝えるために全員で読む。強く印象付けるためである。

次に、列挙された訴えの部分は、「私たちは求めます」とコーラスで読んだ後で、それぞれの担当者が読むようにしている。まとめの2行は、これまでを締めくくる文として、漸増で声量を大きくしながら終わるようにした。

❸ 応用できる

このように簡単な説明文なら、文章の構成を考えて分読を考えることができる。

こうした説明文の群読は児童会・生徒会スローガンをみんなで唱和するときにも応用できる。身近なところでは、「学級目標」「○小学校いじめをなくすみんなの約束」「○中憲章」など、子どもたちがつくったいろいろな文章が群読の題材として考えられるだろう。

※ ノーベル平和賞決定時のスピーチ

（読み手）ソロ1〜4の4人とコーラス
（記　号）＋漸増

全員　ノーベル平和賞決定の知らせを受けて
1　マララ・ユスフザイ
2
3
4
全員　親愛なるみなさん、今こそ声に出して言う時です。
コーラス1　私たちは求めます。
　　　　　すべての子どもたちへの無料の義務教育を。
コーラス2　私たちは求めます。
　　　　　残虐行為や危害から子どもたちを守ることを。
コーラス3　私たちは求めます。
　　　　　すべての地域社会からあらゆる偏見をなくすことを。
コーラス4　私たちは求めます。
　　　　　世界中の女性たちが勇敢になることを。
＋コーラス
1　自分たちの言葉の力を、
2　強さを信じましょう。
＋3
4　私たちの言葉は世界を変えられるのです。

世界に視野を広げる群読

第5章 さまざまな場で展開される群読

① 学年びらき

◆指導のエッセンス♣

学年びらきは新年度、学年の子どもたちと教師がはじめて顔を合わせる場である。学年所属の教師たちが自己紹介をして決意を述べる。学年目標とその見通しや課題、主な年間行事などを話し、歌やゲームで明るくスタートする。
「いい仲間と先生方だ。よしがんばるぞ」と、子どもたちがそんな気持ちになれば大成功である。
学年びらきにおいて、教師の挨拶は一人ひとりで行うことが多いのではないだろうか。私も長い間ずっと個人でやってきた。
ところがある年、転勤したばかりで中3を担任した時、学年主任の提案で教師の挨拶を群読でやることになった。みんなでやった方が教師のやる気を強く示せるのではないかという理由からだった。私が脚本つくりを担当した。
なお、群読の後、子どもたちを励ます職員合唱も取り入れた。始業式前の3日間、放課後に時間をつくって練習した。この時の脚本つくりの要点をまとめた。

♥3つのポイント♠

①脚本の構成を考える

学年びらきにあたって、次のような骨子を考えた。

　a　全員の群読による挨拶
　b　各教師の自己紹介と抱負の発表
　c　3年生を激励する詩（その後合唱「四季の歌」）

cの「3年生を激励する詩」は、スタートにふさわしい詩を考えていた。しかし、職員の気持ちや願いなど、ありのままの言葉を取り入れた方が子どもたちに強く届くのではないかと考え、みんなの言葉をつないで脚本化した。

②学年の意義を話し合い、文章化する

脚本つくりのために、学年会の中で「中学3年生とはどんな学年だろうか」と問いかけ、そこで出た意見を文章化していった。その話し合いは「どういう学年に育ってほしいか」という学年の見通しについての議論に発展し、学年指導方針をみんなで考えるきっかけにもなった。

③簡単な分読にする

年度始めの群読はすぐに読めるものにする。単純な分読にして、技法も簡単なものを使う。はじめて群読を経験する教師も多く、練習時間も少ないからである。

第5章　さまざまな場で展開される群読

※ 前へ進もう

(読み手) A～Fの6人
Aは学年主任、B～Fは学年職員
(記号) ＋漸増

A　3年生のみなさん
B　こんにちは
全員　いよいよ　3年生としての1年間が始まりました。
A　私たちはこうしてきみたちと同じ学年になり、一緒にスタートできてはりきっています。
B　はじめにひとりずつ自己紹介をします。
A　わたしが学年主任の山本です。趣味は囲碁。今年のモットーは、来年3月に3年生のみんなが全員笑顔で卒業すること、「春必笑」です。（「春必笑」と書いた紙を示す）どうぞ、よろしく。
B　こんにちは。教科では音楽、学年では進路を担当する加藤です。
（以下、C～Fの教師が発表する）
A　3年の意味を考えてみましょう
B　3年は最終学年です
全員　義務教育最後の学年です。

123

AB	悔いのないように何にでもチャレンジしましょう。
CD	3年は最高学年です
全員	学校のリーダーとなる学年です。
EF	下級生を行動でひっぱりましょう
全員	3年は進路を決める年です
EF	夢や希望の実現をめざして最大限の努力をしましょう。
A	みなさん
BA	自分の夢を大切にしましょう。
+CD	自分の良さに自信を持ちましょう。
+EF	みんなで一緒に日々の努力を続けましょう。
A	私たち3年職員もベストを尽くします。
全員	ベストを尽くします。
A	みなさん一緒に進みましょう。
全員	一緒に前へ進みましょう。

（『四季の歌』の二部合唱へと続く）

教師の願いを伝え、励ます

第5章 さまざまな場で展開される群読

❷ 朝の会

◆指導のエッセンス♣

特別に「群読の時間」を設定するのでなく、日常のあらゆる場面で群読を取り入れてみたい。

もっとも取り組みやすいのは、朝の会である。朝の会では、健康観察や行事予定の伝達、提出物の回収など、定番の内容がある。朝からボンヤリしている子や、疲れたような表情の子も多い。学級全体が暗く勢いを感じない場合もある。

そこで毎朝、みんなで群読をして脳を活性化させ、体を温め、1時間目の授業に明るく臨めるようにする。1週間でひとつの詩を取り上げると、1年間で35の作品を読むことになる。詩に興味を持ち、音読が好きになる子どもがきっと出てくるだろう。

4月は「出発するのです」（山本瓔子）「春のあしおと」（竹下夢二）、5月は「明るい方へ」（金子みすゞ）「茶摘み」（文部省唱歌）というように、季節や時期などに合わせたものを取り上げる。

♥3つのポイント♠

❶教師が提示し、次第に子どもの活動に

はじめは教師がリードする。斉読からはじめて2週目から簡単な群読に進んでいく。教師主導で行い、およそ1か月、朝の会の群読が定着してきたら、子どもたちに委譲していく。「来週の詩を一緒に考えてくれる人、進行をしてくれる人を募集します」と誘い、希望者には教師と共に進め、やがて生徒だけで、作品選びから、進行までできるようにする。

❷取り上げる作品を教師が脚本化する

教室に群読脚本集や詩集、音読集を数冊置いて、その中から選ばせる。なお、原詩だけの作品は教師が脚本化する。分読しにくいものは斉読でよい。

❸掛け軸をつくる

模造紙を2分の1に切り十数枚重ねる。毎週学級で読むので1年間分で35枚が必要になる。1枚にひとつの群読脚本を書く。その模造紙を重ね、上部をホッチキスでとめる。まとめた部分に棒をあて、ガムテープで固定し、両端に紐を取り付けて完成。必要なページをめくって使用する。

125

※春のあしおと────竹久　夢二

(読み手)　ソロ1〜3の3人と男子、女子
(記　号)　＋漸増
(ノート)　うきうきする感じを込めて読む

全員　　春のあしおと　　竹久夢二

ソロ1
男子　　どこかしら
　　　　白いボールのはずむ音

ソロ2
＋男子　いつかしら
　　　　足音もない春がきた
　　　　となりのへやへ春がきた

ソロ3
女子　　なにかしら
　　　　うれしいことがあるように

＋男子　春がわたしをノックする

朝の群読で
活性化しよう

春のあしおと
　　　　竹久　夢二

どこかしら
白いボウルのはずむ音
いつかしら
足音もない春がきた
隣の室（へや）へ春がきた
なにかしら
うれしいことがあるように
春がわたしをのっくする

③ 学活で脚本つくり

◆指導のエッセンス♣

子どもたちに群読脚本を作らせたい。その過程で子ども同士が意見を述べ合い、仲間の考えを知る機会になる。はじめは短く、書式の決まっているものがよい。例えば次のようなものである。

① 「　　　　　」
② 全員 アーアー
③ 「　　　　　」
④ 全員 そーだ そーだ
⑤ 「　　　　　」
⑥ 全員 まいった まいった
⑦ 「　　　　　」
⑧ 全員 いーぞ いーぞ
⑨ 「　　　　　」
⑩ 全員 ガンバロー！

これらの①～⑤の「　　　」に言葉を入れて群読を完成させていく。

♥3つのポイント♠

① フォーマットに言葉を入れる
「新年度の決意」「運動会に向けて」「○さんの誕生祝い」などのテーマを決め、「　」に言葉を入れて完成させる。班ごとに作らせ、みんなで鑑賞し合うこともできる。

② 教師主導から次第に子どもたちへ
はじめは教師がみんなの意見をまとめて文章化する。慣れれば子どもたちだけでもできるだろう。

③ 年度始めの群読例
〈指導のエッセンス〉の脚本は、年度始め、始業式の群読。「どんな学級にしたい？」と問いかけ、子どもたちの意見をまとめたもの。①～⑤の部分だけを紹介する。
岩手県、澤野郁文先生の実践である。

① ソロ1　楽しかった春休みがおわっちゃった
② ソロ2　今日から勉強だって
③ ソロ3　でも今度の3Bはけんかが少なくなりそう
④ ソロ4　勇気があって協力できるクラスだ！
⑤ ソロ全員　明るく
　　全員　元気に
　　　　　なかよしで

127

✳︎ いじめをなくそう

（読み手） 1～5の5グループとコーラス
（記　号） ＋漸増

1　いじわる、かげぐち、無視、暴力…
　　クラスにいじめがあったらいやだなあ。

コーラス　アーアー

2　学校に行くのがいやになる、毎日が苦しくなる。

コーラス　まいった　まいった

3　そんなときはだれかに相談していいんだよ。

コーラス　そーだ　そーだ

4　いじめを見つけたらやめるように言おう！

コーラス　いーぞ　いーぞ

1　ぼくも
＋2　わたしも
＋3　女子も
＋4　男子も
＋5　だれでも安心できるクラスをみんなでつくっていこう

全員　ガンバロー！
　　　オー！

脚本つくりで前進的な学級つくりを

❹ 学級の成長の節目に

◆指導のエッセンス◆

大きな行事をやり遂げたとき、みんなで決めた学級目標を達成したとき、学級の問題を克服したときなど、学級の1年間を見渡すと、成長の節目となることがある。

そんなとき教師はその取り組みの過程を振り返り、みんなの努力や協力性をほめ、残された課題を示してまとめをする。そこに群読を活用するのである。

子どもたちにも取り組みを振り返らせ、みんなでがんばった点を出し合い、それを文章にして読む。仲間と共にやり遂げた一体感と達成感を実感し、次からの活動への意欲づけにもなる。

本項では家本芳郎先生の現職時代の群読実践「お祝いの会」を紹介する。

普段から群読に親しみ、学級の文化として定着させているから、自然な形で群読ができたのだろう。折にふれて群読を取り上げ、子どもたちが自発的に群読に取り組むように育てていきたいものである。

♥3つのポイント♠

①子どもの声を引き出す脚本

教師がリーダーを集め、「群読でお互いの努力を認め合って目標達成を祝うのはどうかな」と助言する。同意を得たら、次のような脚本案を示し、全員「ついに目標達成です」学習係「やったぞー」　　　　を埋めさせる。

1班「　　　」＋2班「　　　」＋3班「　　　」
＋4班「　　　」＋5班「　　　」

（ここは数行自由に考える）

全員「これからも力をあわせてがんばろう」

②忘れ物チャンピオンの出番も

ここではクラスの忘れ物チャンピオンだった安藤君の出番をつくっている点に注目したい。「君さえいなければ」ではなく、「君がいてくれたから」という考えである。こうした内容は温かく前向きな学級をつくることにも役立つ。

③学級の節目に群読をする

目標達成時に限らず、行事の後や転校生を送るとき・迎えるとき、始業式・終業式など、学級の節目となる機会に、みんなで群読をする。そんな独自の文化を持った学級つくりにチャレンジしたいものである。

※ お祝いの会 ―― 家本 芳郎

(読み手) 班長、学習係、1～5班とソロ（安藤君と先生）
(記 号) ＋漸増

学習係	やったぞー
全員	ついに忘れ物ゼロを達成しました
1班	苦しかったなあ
＋2班	泣きたくなったよ
＋3班	投げ出したくなったよ
＋4班	でもがんばったなあ
＋5班	よくやったよ
班長	最後にひとつ、最後の最後の
安藤	小さな力が加わって
全員	ついに目標達成したんだ
女子	一人の力でできないことも
男子	みんなでやればこわくない
全員	これからも明るく楽しく元気よく力をあわせてがんばろう
先生	がんばろう
全員	おーっ

節目に節目に みんなで群読

第5章 さまざまな場で展開される群読

❺ 話し合いの前に

◆指導のエッセンス♣

学級会の話し合いを活発化させるにはいくつかのポイントがある。何を話し合い、何を決めるかをはっきりさせること、みんなが関心を持つような議題を設定すること、議長の指導、そして話し合いに向けた学級の雰囲気つくりなどである。本項の脚本は、学級会の前に読む群読で、家本芳郎先生の実践である。

学級会の前に全員でこの詩を読むことで、子どもたちの集中性が高まり、その後の話し合いが深まったという。群読によって一体感が生まれ、学級の前向きなトーンに弾みがつき、さらに詩文の内容が意欲を引き出すのにふさわしいものだったからだろう。

こんな群読の活用もあるのかと感嘆したものである。あまり徳目やしつけやプロパガンダを群読にはしたくないが、「火をかこんで」は人と交わり、話し合うことの意義を述べたもので、学級会などには適した作品といえよう。

♥3つのポイント♠

❶毎回話し合いの前に読む

毎回、話し合いの前に読むときは学級全員で読む。群読によって、活発に意見を述べる意欲づけになる。

❷詩の言葉で評価もする

学級会の後も、詩の言葉を使って、その話し合いのよかった点をほめる。

議長が「今日は、肺ふをえぐる意見がたくさん出ました」と、その言葉を使って評価する。

教師も同じように「そうだった。火花のようにはじけぶ言葉が、あとからあとからもえあがるように出ました。それだけではありませんでした。喝采の言葉、なぐさめの言葉も聞きました。楽しい話し合いでした。次の学級会も、今日のように、血をたぎらせて話し合いましょう」とまとめる。

❸活動の前の定番にする

みんなで詩を読んで活動に入る発想がおもしろい。本項では話し合いの前にみんなで読む群読を紹介したが、いろいろな活動の前にみんなで声を出す時間をもつ。このような、群読を学級独自の文化活動として推奨したいものだ。

※火(ひ)をかこんで ――― 石川(いしかわ) 道雄(みちお)

（読み手）1～4の4グループ
（記　号）＋漸増

火をかこんで　　石川　道雄

議長　火をかこんで　話をしよう
全員　火をかこんで　話をしよう
1　思っていることは　なんでも話そう
2　考えることはいい　沈黙(ちんもく)もいい
3　しかし　話すことは　いちだんといい
4　話すことは　行動の第一歩だ
全員　火をかこんで　話をしよう
＋2　火花のように　はじけとぶことばで
＋3　鋼鉄(こうてつ)のように　強いことばで
＋4　宝石のように　ちみつなことばで
　　　音楽のように　なつかしいことばで
全員　火をかこんで　話をしよう

火をかこんで　　石川　道雄

火をかこんで　話をしよう
思っていることは　なんでも話そう
考えることはいい　沈黙もいい
しかし　話すことは　いちだんといい
話すことは　行動の第一歩だ
火をかこんで　話をしよう
火花のように　はじけとぶことばで
鋼鉄のように　強いことばで
宝石のように　ちみつなことばで
音楽のように　なつかしいことばで

第5章　さまざまな場で展開される群読

1　おおいに　喝采(かっさい)のことばを　おくろう
2　はげましのことばを　おくろう
3　なぐさめのことばを　おくろう
4　あるときは　肺ふをえぐることばを　おくろう
全員　火をかこんで　話をしよう
+1+2　話をする　したしいものたちが話をする
+3　これほどたのしいことがまたとあろうか
+2　もえる火が　あとからあとからと
+4　もえあがるように
　　友よ　血をたぎらせて　話をしよう

火をかこんで　話をしよう
話をする　したしいものたちが話をする
これほどたのしいことがまたとあろうか
もえる火が　あとからあとからと
はげましのことばを　おくろう
おおいに　喝采のことばを　おくろう
なぐさめのことばを　おくろう
あるときは　肺ふをえぐることばを　おくろう
もえあがるように
友よ　血をたぎらせて　話をしよう

討議の前にも群読を

⑥ 特別支援学級で

◆指導のエッセンス♣

特別支援学校の教師から、「毎日みんな群読をしている。大きな声を出すので爽快感があり、元気な雰囲気になる。子どもたちも分担を間違えないようにと集中力がついたようだ。これからも続けたい」と、うれしい話を聞いた。

群読には「いつでもどこでもできる」「脚本のほかには道具がいらない」「すぐにできる」「明るい雰囲気をつくる」「仲間同士のつながりが強くなる」「脳の活性化につながる」「分読分担を意識するので、集中性が高まる」など、多くの効果がある。

特別支援学校・学級でも、ぜひ群読を取り上げて、みんなで楽しんでほしいと思う。

その際、留意することは大きく次の3つである。
① 簡単な分読にする
② 読むタイミングを合図できておく
③ 脚本を全員が見えるようにしておく

これらは群読をはじめるときの一般的な留意点でもある。

♥3つのポイント♠

❶ 簡単な分読にする

みんなで読む楽しさを知る。これを一番の目的にする。はじめは連れ読みやふたり読みなど、複雑な技法のない簡単な脚本を取り上げる。その後、少しずつ技法を使いながら、読むパートを増やしていく。

❷ 読むタイミングを知る工夫

朗読と違って、群読で難しいのは自分の分担箇所を正しく読むこと、つまり読むタイミングをつかむことである。そのために「ここで読む」という合図を決めておくこともある。本項の脚本では次のようにしている。

a 海と山のチームに分かれ、同じチームのメンバーで手をつないで椅子に座っておく。
b 読む番が来たら、その少し前にみんなで立ち上がる。

❸ みんなが見えるようにする

群読脚本は模造紙に書いて教室前方に掲示したり、スクリーンに投影するなどして全員がそれを見て読めるようにする。こうすると教師が脚本の読む部分を指示棒などで示しやすい。脚本を手に持つと、読み手の視線が手元に向き、指示が伝わりにくいからである。

134

第5章 さまざまな場で展開される群読

※ 海山歌合戦 ―― 福尾 野歩

〈読み手〉海と山の2グループ

〈ノート〉最後は太鼓をたたいて締めくくることもできる
この詩は数連続くので、同様の分読で楽しめる

海と山　海山歌合戦　福尾　野歩

山　海がオイラを呼んでいるー
海　山がアタイを呼んでいるー

海　海がいちばん
山　山がいちばん

海と山　海だ、海だ
　　　　山だ、山だ

海　海だ
山　山だ
海　海だ
山　山だ

海　海海海海
山　山山山山
海　海海海海
山　山山山山

海と山　どちらも　いちばーん
海と山　ドン　ドン

自分の読む
タイミングを
知る工夫を

❼ 平和学習の場で

◆指導のエッセンス♣

長崎県内では6月から7月にかけて、その成果を8月9日の平和祈念集会で発表する学校が多い。毎年、原爆投下の日に合わせて開かれる集会である。

本項では長崎市立大浦中学校の2年生が取り組んだ平和群読を紹介する。2年生は単学級で生徒数は約30名。

平和学習として「沖縄戦」「原爆遺構」の調べ学習（展示）と平和群読（発表）の2つに取り組んだ。

群読学習は2時間×3回の計6時間。平和祈念集会での群読は持ち時間が20分だったので、途中にナレーションやグループでの群読をはさんで次のように構成した。

学年群読「にんげんをかえせ」
ナレーション1
グループでの群読3本
ナレーション2
学年群読「世界を見つめる目」

以下、その内容をまとめた。

♥3つのポイント♠

❶指導の流れ

第1回（6月下旬）は平和に関する数作品の群読をし、その後は既習作品の中からグループごとに一作品を選んで発表の集会を開いた。本番の集会でもこのグループ発表を取り入れることにした。第2回（7月上旬）は学年群読の詩を決め、ナレーションを入れて本番通りの練習をした。第3回（7月中旬）は隊形や前回のグループ別の群読練習。

❷異文重層読み

本項脚本中の（1から（4の異文重層読みについてふれておく。1が「ちちをかえせ」と読んだ後、2が「ははをかえせ」を追いかけだす。このとき1は自分の「ちちをかえせ」を繰り返す。次に2が「ははをかえせ」と読んだ後で3が入る。つまり、1と2は自分の言葉をくり返す。4まで同様に読む。1から4が異なる言葉で追いかけ、4の言葉で全員が同時に終わる。で全員読み続け、4の言葉で全員が同時に終わる。

❸BGMや映像をつかった演出

発表の際はピアノ演奏をBGMにし、さらに視覚的な効果としてステージ後方のスクリーンに原爆遺稿の写真や群読の原詩をスライドショーで流すことにした。

第5章　さまざまな場で展開される群読

※平和を読む

（読み手）学年全員。ソロ1〜4とナレーター

（記　号）（　異文重層読み

※スクリーンに平和に関するスライドが映る。ピアノ演奏BGMが始まる。演奏が始まったら、十分に間を取って読み始める。

全員　にんげんをかえせ

1　ちちをかえせ（第一声が大切。ここのソロ1〜4は大きな声で訴えかけるように）
2　ははをかえせ
3　としよりをかえせ
4　こどもをかえせ
(1　ちちをかえせ
(2　ははをかえせ
(3　としよりをかえせ
(4　こどもをかえせ／
ソロ全員　わたしをかえせ
全員　わたしをかえせ（大きく）

群読を通して平和を考える

137

ソロ	全員	わたしにつながる
全員		にんげんをかえせ（大きく）
ソロ	全員	にんげんの
全員		にんげんのよのあるかぎり（大きく）
ソロ	全員	くずれぬへいわを
1 2		くずれぬへいわを（大きく）
全員		くずれぬへいわを（最大に大きい声で）
		（間…心の中で「1、2」と数える）
全員		へいわをかえせ（最大の声で訴えかけるように）

（ナレーション1）
私たち2年生は、平和学習の取り組みとして、調べ学習と平和群読に取り組んできました。今、聞いていただいたのは、原爆に関する詩を通して平和の尊さを訴えた峠三吉の「にんげんをかえせ」という詩の一文です。続いてグループごとに3つの詩の群読を聞いてください。作品は「なぜ」「一本の鉛筆」「いのち」です。

※3つのグループが順に発表する。

「なぜ?」（やなせ　たかし）

第5章　さまざまな場で展開される群読

「一本の鉛筆」（松山善三）
「いのち」（小海永二）

（ナレーション2）
最後に、2年生全員で「世界を見つめる目」という詩を読みます。この詩は、沖縄県立平和祈念資料館の2008年度「児童・生徒の平和メッセージ」詩部門（小学校の部）で最優秀賞に選ばれ、沖縄全戦没者追悼式で平和の詩として朗読された詩です。みなさんもわたしたちの群読から、「平和とは何か」「平和をつくるためにわたしたちに何ができるのか」ということを一緒に考えていきましょう。

※ナレーションの間に、男女別に音を立てずに場所を移動する。ナレーションが終わったらナレーターは自分の場所に戻る。ここでまたBGMのピアノ演奏が始まる。

全員　世界を見つめる目　嘉納英佑（かのうえいすけ）

女子
1　やせっぽっちの男の子が　ほほえみながら　ぼくを見つめた
　　テレビの画面の中で…（間）ぼくも男の子を見つめた
2　何があったの？
3　何も食べる物がないんだ
4　でも　ぼくは生きたい

ソロ全員	くるしいけど、あきらめない
女子	えがおがあふれる生きる人間の　力強さを感じた
ソロ全員	ぼくは　真実を見つめる目を持ちたいと思った
男子	悲しそうな目をした女の子が　なみだをうかべながら　ぼくを見つめた
1	なぜ　悲しい顔をしているの？
2	なぜ　ないているの？
3	せんそうで　家族もいなくなった
4	家も　友だちも　全部なくなった
全員	大切なものをなくした人間の　弱さを感じた
	ぼくは　涙をふいてあげるやさしい手を持ちたいと思った
男子	悲しそうな目をした女の子が　なみだをうかべながら　ぼくを見つめた ※
1	テレビの画面の中で…（間）ぼくもその女の子を見つめた
2	本の写真の中で…（間）ぼくも男の人を見つめた
3	きずだらけの男の人が　苦しそうな顔をして　ぼくを見つめた
全員	どうしたの？
1	いたいでしょ。大じょうぶ？
2	あらそいからは　なにも生まれはしない
3	おたがいにきずつくだけ
4	にくしみがつのるだけ
ソロ全員	

第5章　さまざまな場で展開される群読

全員　人間のおかしたあやまちの大きさを感じた
　　　ぼくはやさしく　てあててしてあげる
　　　あたたかい心を持ちたいと思った

女子　ぼくのとなりで
男子１　おじいちゃんが自分の目で見てきたできごとを　ぼくに伝えた
　　２　苦しかった　せんそうのできごと
　　３　おばあちゃんが自分が体験してきたできごとを　ぼくに伝えた
　　４　こわかった　そかい先でのできごと

　　１　食べる物がなく　苦しんでいる人がいる事
　　２　家がなく　つらい思いをしている人がいる事
　　３　家族とはなればなれになってしまっている人
　　４　ざんこくでひさんなできごと

　　１　悲しくなった　つらくなった
　　２　お母さんが何も言わず　ぼくをだきしめた
　　３　むねがいっぱいになった
　　４　あたたかいぬくもりが　ずっとずっと　ぼくの中にのこった

141

女子　みんながしあわせになれるように
男子　ぼくは　世の中をしっかりと見つめ
全員　世の中の声に耳をかたむけたい
　　　そしていつまでも
　　　やさしい手とあたたかい心を持っていたい

※群読が終わると、しばらくしてピアノ演奏も終わる。ピアノが終わったら、静かに全員礼をする。その後、静かに退場する。スクリーンの映像も消える。

【指導　長崎市立大浦中学校　川原恵美子先生・桑原敏記先生・菅原靜子先生】

第5章 さまざまな場で展開される群読

⑧ 修学旅行

◆指導のエッセンス◆

修学旅行の締めくくりに解団式を開くことが多い。

そこで、添乗員やバスの運転士、乗務員の方など、旅行期間中、一緒に行動し、お世話になった人たちに感謝の気持ちを伝えたいものである。

代表の子どもがあいさつを述べてもよいが、できれば群読でお礼の気持ちを表したい。群読であれば、取り立てて準備をする必要もなく、また、全員で読むことで旅行中の思い出やエピソードを取り入れて、子どもたちの生の声を届けることができる。全員で旅行の成功を共有したい。

旅行中は群読の脚本つくりや読みの練習をする時間が十分取れないので、あらかじめ大まかな群読脚本をつくり、そこにいくつかの文を書きこんで完成させる。全員で読むところは簡単な語句にしておく。

本項の脚本は、「添乗員・乗務員の方へ」「先生方へ」「班長たちへ」「全員へ」という項目で、子どもたちが発表した群読である。

♥3つのポイント♠

❶ 群読脚本の骨子をしおりに載せておく

旅行前に、大まかな群読脚本を学級委員と相談してつくり、しおりに印刷しておく。（　）の部分は旅行先で書き込むように空欄にしておく。

ソロ　あんなに楽しみにしていた修学旅行がもうすぐ終わります。楽しい3日間でした。思い出がたくさんできました。4つの拍手で締めくくりましょう。

ソロ　添乗員・運転士・ガイドのみなさん。前へお進みください。（　）お礼の拍手を贈ります。

ソロ　次は先生方、前へお願いします。（　）感謝の拍手を贈ります。

（その後、班長へ、みんなへ、と続く）

❷ 最終の夜に仕上げ、翌日練習する

最終夜のリーダー会で（　）内に具体的なエピソードを入れて仕上げる。完成した群読は翌日の朝食前に全員で練習しておく。

❸ 活動の前の定番にする

時間や場所の関係で、解団式を開くことができない場合は、各学級がバスの中で個別に実施してもよい。

※ 修学旅行の終わりを4つの拍手で

(読み手) 学年全員。ソロ1〜4(学級委員)

1　楽しみにしていた修学旅行がもう終わろうとしています。楽しい3日間でした。思い出がたくさんできました。4つの拍手で締めくくりましょう。添乗員・運転士・ガイドのみなさん。前へお進みください。

「添乗員の山口さんは旅行が予定通りに進むように気遣ってくださいました。班行動の集合時間に遅れた班が迷惑をかけてすみませんでした。また、体調をくずした人を心配していろいろとお世話してくださりありがとうございました。運転士のみなさんはずっと安全運転で、誰も車酔いしませんでした。ガイドのみなさんは楽しいゲームや歌で盛り上げてくださいました。親しみやすく、本当のお姉さんのように感じていました」

みなさんにお礼の拍手を贈ります。(全員で拍手)

2　次は先生方、前へお願いします。

「計画、準備からきびしくやさしく教えてくださりありがとうございました。何度か叱られたこともありましたが、そのおかげでみんなぴりっとして、全員楽しく過ごすことができました」

先生方に感謝の拍手を贈ります。(全員で拍手)

3　続いて班長のみんな起立してください。

「ここにいる人は各班のリーダーとして私たちをまとめてくれました。集合点検や班長会などお疲れ

144

第5章　さまざまな場で展開される群読

4　みんなからねぎらいの拍手を贈ります。（全員で拍手）
最後にみなさん、全員起立しましょう。
「大きな病気もけがもなく、本当に楽しい修学旅行でした」
お互いに「ありがとう」、そして「お疲れさま」の大きな拍手を贈りましょう。

全員　さまでした」

1〜4　3日間お疲れさまでした。
お疲れさまでした。

全員　楽しい旅行をありがとうございました。

1〜4　ありがとうございました。

旅行の思い出と感謝を群読で

❾ 保護者と共に

◆指導のエッセンス♣

学級PTAで、冒頭にみんなで歌を歌って、その後、話し合いに入っていくという教師がいた。場が賑やかににぎり、保護者同士がうちとけ、毎回活発な話し合いができるという。その教師から勧められ、私も歌を取り入れたことがある。明るく和やかな雰囲気が生まれ、その後の活動が円滑に進むようになった。

PTAにこうした文化活動を取り入れる効果を再認識したものだった。

ただし、教師や保護者の中には歌に抵抗のある人もいる。そんな場合は歌でなく、群読にしてはどうだろうか。

子どもの気持ちが伝わる詩、親子で読みたい詩、親子で読みたい詩、親の思いを伝える詩、子どもの書いた作品など、いろいろな題材を読むのである。

本項では母親を励ます詩を取り上げた。はじめは教師が作品を選び、軌道に乗ってきたら保護者の希望を取り入れて読む作品を決めることもできるだろう。

♥3つのポイント♠

❶ さまざまな効果

群読はみんなで協力して読むので保護者同士が横並びの関係になり、親しい結びつきができる。PTAで群読を取り上げる効果をまとめると次のようになる。

a 参加者を明るく元気にする
b 和やかな雰囲気をつくる
c 子どもを思うやさしい気持ちが生まれる
d その後の話し合いが活発に進みやすくなる
e 保護者同士がお互いに話しやすくなる

❷ 子どもの気持ちを理解できる

通常のPTAはともすれば受け身的な参加になりがちだが、このように保護者自身が活動して緊張感や高揚感を味わうことで、子どもの気持ちを理解する機会になる。PTAを終えて帰宅し、親子で群読をしてみる家庭も出てくることだろう。

❸ 簡単な群読を取り上げる

群読初体験の保護者がほとんどなので、長い作品や難解なものは取り上げないようにする。斉読、または簡単な技法を使った群読がよい。

第5章 さまざまな場で展開される群読

※かぜのなかのおかあさん
――阪田 寛夫

かぜのなかのおかあさん　　阪田寛夫

全員　かぜのなかのおかあさん

1　おかあさん
2　としをとらないで
3　かみがしろくならないで
全員　いつまでもいまのままでいて
　　　わらっているかお　はなみたい

1　おかあさん
2　ねつをださないで
3　あたまもいたくならないで
全員　どこかへもしも　でかけても
　　　けがをしないで　しないで

（読み手）1〜3の3グループ

全員　おかあさん
1　はながさきました
2　かぜもそっとふきますね
3　いつでもいまがこのままで
全員　つづいてほしい　おかあさん

群読で親同士が親しく

かぜのなかのおかあさん 阪田　寛夫

おかあさん
としをとらないで
かみがしろくならないで
いつまでもいまの
ままでいて
わらっているかお
はなみたい

おかあさん
ねつをださないで
あたまもいたくならないで
どこかへもしも
でかけても
けがをしないで
しなないで

おかあさん
はながさきました
かぜもそっとふきますね
いつでもいまが
このままで
つづいてほしい
おかあさん

第6章
群読の醍醐味を味わう

❖ 群読のよさが存分に発揮される「祭りだ わっしょい」

最後に、群読のよさが存分に発揮されている群読脚本、北原白秋の「お祭り」を紹介する。

家本芳郎先生によって脚本化され、何度も改訂されたもので、群読脚本の最高峰ともいえる名作である。日本群読教育の会が、毎年、夏に開く全国大会の閉会行事の中でも、この「祭りだ わっしょい」を全員の大群読で締めくくっている。学校でも、学習発表会や文化祭など、いろいろな場で読むことができる。全員で読むことで一体感や高揚感が生まれ、少人数でも大規模校でも、その特徴や持ち味を存分に生かした群読をつくることができる群読脚本である。

❖ 冒頭の読みで雰囲気をつくる

脚本の冒頭のaの部分は、次のようになっている。

```
ソロ        祭りだぞー
アンサンブル  祭りだぞー
コーラス1    祭りだぞー
コーラス2    祭りだぞー
ソロ        みこしがでるぞー
アンサンブル  みこしだぞー
コーラス1    ねりだすぞー
コーラス12   くりだすぞー
```

ここでソロは「お祭り委員長」、アンサンブルは「実行委員」、コーラス1は「山手の人たち」、コーラス2は

第6章　群読の醍醐味を味わう

「下町の人たち」という設定である。

ソロから始まる「祭りだぞー」は、文字通り語尾を伸ばす。子どもに読ませると「祭りだぞっ」と短く言い切ったり、最後を平板に伸ばすだけになったりして、何か物足りない読み方になることが多い。

ここは「祭りが始まるぞー。みんな集まれ」と誘うように読む。子どもにこう伝え、再度読ませるが、なかなか誘う表現にならない。こんなときはどうすればよいだろうか。

① ソロ役を交替する
② 教師が手本となる読みを示す
③ 教師の指導でふさわしい読み方に導く

この中で、①は避けたいものである。せっかくソロになった子どもの自尊心を傷つけ、意欲を失わせることがあるからだ。②はよい方法だが、子どものもつ表現の力を引き出すという意味で、③がもっともよい方法である。

③の指導言の例をあげてみよう。

「まず、大声で『祭りだぞー』と読むが、そのとき、『ぞー』をぐっと伸ばしながら盛り上げ、最大まで行き着いたら、言葉の先を丸めて『ぞーぃ』と胸元へ戻す」と、手と指で動作を交えて教える。「言葉を胸元へ戻す」としたのは誘う＝招くことだからである。

先のように助言したあと、「言葉で誘うように表現してごらん」「伸ばして、丸めて、引き戻して」と指導しながら子どもたちの誘う表現を引き出していく。

♣ 展開部分はリズムよく

脚本のｂは、ａで祭りへの誘いが終わったところで、華やかにみこしが繰り出す場面で、この群読のメインとなる展開部分である。ここは各列「わっしょい　わっしょい」のリズムを保ちながら読みすすめる。

ただし、aの部分が読み終わって、一瞬、静かになるので出だしのタイミングが取りにくいところである。そこで「トン トン トントントントン」と手拍子や太鼓などで、助走をつけて、「むこうはちまき　きりりとしめて」と入っていくようにする。

（A）の部分には、「第一小」や「小島中」「大瀬戸」のように学校名や地名を入れるとよいだろう。また、（B）の部分には「悪口すっとべ」や「いじわるすっとべ」のように、子どもたちの創意でいろいろな言葉を入れて読むこともできる。

❖ 締めくくりは一気に盛り上げる

最後のdの部分は、それまでの「わっしょい　わっしょい」のリズムは使わない。拍数で言うと「わっしょい」一つ分の長さである。ここは読み手が次のように漸増していく。

　　ソロ　　　　祭りだ
　＋アンサンブル　祭りだ
　＋コーラス１　　祭りだ
　＋コーラス２　　祭りだ

読み手の人数は「祭りだ」のたびに増える。したがってここは一気に声量を上げて、聴衆を圧倒するように読む。間の部分はbの出だしのように手を叩くか、太鼓を叩いてもよい。その後、2拍の間を置いて、全員で高らかに会場中に響くように「お祭りだ！」で締めくくる。こうして、「祭りだ　わっしょい」を完成させていく。

第6章 群読の醍醐味を味わう

祭りだ わっしょい──
北原 白秋　家本 芳郎 編

〈記号〉	〈ノート〉	〈読み手〉
＊弱起 〇間	aはリズムにとらわれず、大声でみんなを祭りに誘うように伸ばして読む。 bはリズムを保って読みすすめる。なお、コーラス1・2はどうしても大きな声になるので、体育館などで読む場合、ソロだけはマイクを使って読ませてもよい。 cは省いてもよい。 dはそれまでの（b）のリズムをくずして各行1拍で読む。ここでは漸増になるので、最後は次第に声が大きくなって、全員の「お祭りだ！」で迫力を出して締めくくる。	ソロ＝お祭りリーダー アンサンブル＝お祭り実行委員（全体の6分の1） コーラス1（全体の6分の2） コーラス2（全体の6分の3）

153

	ソロ	アンサンブル	コーラス1	コーラス2
a	祭りだぞー みこしがでるぞー	祭りだぞー みこしだぞー	祭りだぞー くりだすぞー ねりだすぞー	祭りだぞー ねりだすぞー
b	*むこうはちまき きりりとしめて せなかに花がさ そろいのはっぴだ みこしだ　みこしだ 子どもの祭りだ さんしょはつぶでも	わっしょいわっしょい そろいのはっぴだ 子どもの祭りだ	わっしょいわっしょい わっしょいわっしょい わっしょいわっしょい わっしょいわっしょい	わっしょいわっしょい わっしょいわっしょい わっしょいわっしょい

b	c						
わっしょいわっしょい	（B）すっとべ	（B）すっとべ	いじめもすっとべ	泣き虫すっとべ	まわせ　まわせ	しっかりかついだ	ぴりっとからいぞ
わっしょいわっしょい	すっとべすっとべ	すっとべすっとべ	すっとべすっとべ	すっとべすっとべ	ぐるっとまわせ	死んでもはなすな	これでもいさみの（A）の子どもだ
わっしょいわっしょい	わっしょいわっしょい	わっしょいわっしょい	わっしょいわっしょい	わっしょいわっしょい	ぐるっとまわせ	そらもめ　そらもめ	わっしょいわっしょい
わっしょいわっしょい	わっしょいわっしょい	わっしょいわっしょい	わっしょいわっしょい	わっしょいわっしょい	ぐるっとまわせ	そらもめ　そらもめ	わっしょいわっしょい

けいきをつけろ
わっしょいわっしょい
そらどけ　そらどけ
金魚屋もにげろ
わっしょいわっしょい
みこしだ　みこしだ

しおまけ　しおまけ
わっしょいわっしょい
みこしがとおるぞ
ほおずき屋もにげろ
わっしょいわっしょい
子どもの祭りだ

わっしょいわっしょい
けいきをつけろ
わっしょいわっしょい
そらどけ　そらどけ
金魚屋もにげろ
わっしょいわっしょい
わっしょいわっしょい

わっしょいわっしょい
水まけ　水まけ
わっしょいわっしょい
みこしがとおるぞ
ほおずき屋もにげろ
わっしょいわっしょい
わっしょいわっしょい
わっしょいわっしょい

第6章　群読の醍醐味を味わう

d

わっしょいわっしょいわっしょいわっしょい	祭りだ 祭りだ 祭りだ 祭りだ	○ ○ お祭りだ！
わっしょいわっしょいわっしょいわっしょい	祭りだ 祭りだ 祭りだ	○ ○ お祭りだ！
わっしょいわっしょいわっしょいわっしょい	祭りだ 祭りだ	○ ○ お祭りだ！
わっしょいわっしょいわっしょい	祭りだ	○ ○ お祭りだ！

ダイナミックな群読を合唱のイメージで！

重水健介（しげみず・けんすけ）

1958年、長崎県生まれ。日本群読教育の会事務局長。長崎県の公立中学校に数学担当として三十数年勤め、現在に至る。

編著書：『みんなの群読脚本集』『教室で楽しむ群読12カ月【小学校低・中・高学年編】』『学級活動・行事を彩る群読』『すぐ使える群読の技法』『楽しい群読入門』『続・いつでもどこでも群読』（ともに高文研）『すぐつかえる学級担任ハンドブック中学校2年生』（たんぽぽ出版）ほか多数。

メールアドレス：kysn.3974@ab.auone-net.jp

JASRAC 出1502499-501

教師のための【群読】ハンドブック

● 二〇一五年四月一日　　第一刷発行

編著者／重水 健介

発行所／株式会社 高文研
東京都千代田区猿楽町二―一―八
三恵ビル（〒一〇一―〇〇六四）
電話03＝3295＝3415
http://www.koubunken.co.jp

印刷・製本／株式会社 光陽メディア

★万一、乱丁・落丁があったときは、送料当方負担でお取りかえいたします。

ISBN978-4-87498-564-9　C0037

◇楽しい「群読」の世界◇

群読実践シリーズ
楽しい群読入門【CD付き】 1,900円
日本群読教育の会＋重水健介＝編著
聴いてみたい！やってみたい！授業や行事の中で楽しく展開される群読の基礎＝最初の第一歩がわかるCDブック。

群読実践シリーズ
すぐ使える群読の技法【CD付き】 1,900円
日本群読教育の会＋重水健介＝編著
基礎から応用まで、27の「群読技法」をCDの音声とともに具体的に紹介する。

群読実践シリーズ
学級活動・行事を彩る群読 1,900円
日本群読教育の会＋重水健介＝編著
学級開き、朝の会、学年集会、卒業式などで使える群読を、脚本とCDで紹介！

群読実践シリーズ
ふたり読み【CD付き】 1,900円
日本群読教育の会＋家本芳郎＝編著
群読の導入にふたり読みは最適。すぐに使えるシナリオと音声で実際を伝える。

群読実践シリーズ
古典を楽しむ【CD付き】 1,900円
日本群読教育の会＋毛利豊＝編著
古典学習に群読を取り入れた多彩な実践を紹介、実際を脚本とCDで再現する。

CDブック 家本芳郎と楽しむ群読
家本芳郎編・解説・演出 2,200円
群読の文化活動＝群読の実際を、群読教育の第一人者が自ら演出し、青年劇場の劇団員が若々しい声を響かせたCDブック。

いつでもどこでも群読 1,600円
日本群読教育の会＋重水健介＝編著
授業で、学級活動で、学習発表会で、集会・行事で、地域のなかで、さまざまな場で響く群読の声を、脚本とともに紹介。

【CD付き】続・いつでもどこでも群読 2,200円
日本群読教育の会＋重水健介＝編著
長年、群読教育に取り組んできた日本群読教育の会が、さまざまな実践を紹介。

群読 ふたり読み——ふたりで読めば、なお楽し——
家本芳郎＝編・脚色 1,400円
群読の導入に、小規模学級での朗読に、家庭での団らんに、いますぐ声に出して読める楽しい詩のふたり読みシナリオ！

家本芳郎著 楽しい群読脚本集
家本芳郎＝編・脚色 1,600円
群読教育の先駆者が、全国で開いてきた群読ワークショップで練り上げた脚本を集大成。演出方法や種々の技法も説明。

合唱・群読・集団遊び
家本芳郎著 1,500円
文化・行事活動の第一人者が、指導の方法・道筋を具体的に提示しつつ展開する、魅力あふれる文化活動の世界。

CDブック 群読日本国憲法
高良鉄美・毛利豊・青年劇場 1,500円
日本国憲法の「精髄」を群読脚本化。ドラマチックな舞台俳優の群読が、強く、美しく、胸に響く憲法の世界を伝える。

●表示価格は本体価格です（このほかに別途、消費税が加算されます）。